AF745932

www.ingramcontent.com/pod-product-compliance
Lightning Source LLC
LaVergne TN
LVHW051104051026
849532LV00004BB/1430

9788119022045

سات معلوماتی مضامین

مرتب:

انجمن ترقی اردو حیدرآباد

Saat Maloomati Mazameen
Edited by: Anjuman Taraqqi Urdu Hyderabad
Edition: January '2023
Publisher & Printer:
Taemeer Publications, Hyderabad.

ISBN 978-81-19-02204-5

کتاب	:	سات معلوماتی مضامین
مرتب	:	انجمن ترقی اردو حیدرآباد
صنف	:	تحقیق
ناشر	:	تعمیر پبلی کیشنز (حیدرآباد، انڈیا)
زیر اہتمام	:	تعمیر ویب ڈیولپمنٹ، حیدرآباد
تدوین / تہذیب	:	مکرم نیاز
سالِ اشاعت	:	۲۰۲۳ء
تعداد	:	(پرنٹ آن ڈیمانڈ)
طابع	:	تعمیر پبلی کیشنز، حیدرآباد - ۲۴
صفحات	:	۱۲۸
سرورق ڈیزائن	:	مکرم نیاز

فہرست مضامین

پیش لفظ

"سات معلوماتی مضامین" دراصل ایک نادر تاریخی و معلوماتی کتاب ہے جو برصغیر کی آزادی سے قبل ریاست حیدرآباد دکن میں "انجمن ترقیٔ اردو حیدرآباد دکن" کی جانب سے سنہ 1941ء میں پہلی دفعہ طبع کی گئی تھی۔

کم تعلیم یافتہ بالغوں کے لیے شائع شدہ اس کتاب کا بنیادی مقصد یہی تھا کہ وہ اپنے علم کو اور اردو زبان سے اپنی واقفیت کو نہ صرف تازہ رکھ سکیں بلکہ اس میں اضافہ بھی کر سکیں۔

اس کتاب میں شامل غلام السیدین صاحب کا مضمون 'سائنس اور ترقی' دہلی ریڈیو سے اور حیدرآباد کے مشہور 'لاڑ بازار' پر آغا حیدر حسن کا مضمون حیدرآباد ریڈیو سے نشر ہوا تھا۔

ان مضامین کی اہمیت آج کی اردو نسل کے لیے بھی اتنی ہی مسلم ہے جتنی ماضی میں رہی۔ لہذا تعمیر پبلی کیشنز کی جانب سے اس کا جدید ایڈیشن شائع کیا جارہا ہے۔

سائنس اور ترقی

یں چاہتا ہوں کہ آپ اپنے ذہن میں اُس وقت کا سماں باندھیں جب انسان نے پہلے پہل اس زمین پر قدم رکھا تھا اور اپنی زندگی شروع کی تھی۔ اس دنیا میں جہاں اس کو رہنا سہنا اور اپنا گھر بسانا تھا وہ بالکل اجنبی تھا۔ نہ اس کے پاس کپڑے تھے نہ مکان، نہ اخبار نہ کتابیں، نہ تار نہ ٹیلیفون، نہ ریل نہ موٹر۔ اس کے چاروں طرف فطرت کی زبردست اور ڈراؤنی قوتیں تھیں جو ابھی تک اس کی دوست نہ بنی تھیں۔ وہ قدم قدم پر ان سے ڈرتا اور بدکتا تھا کہ کہیں وہ اس کا خاتمہ نہ کردیں۔ بجلی کی چمک، بادل کی

گرج، ہوا کے طوفان اس کے دل میں دھڑکن پیدا کر دیتے اور وہ ان سے پناہ مانگنے کے لئے خوشامد اور التجا کے انداز میں زمین پر گر پڑتا۔ چاند اور سورج، ہوا اور پانی، پہاڑ اور دریا سب اس کے دیوتا تھے جن کی وہ پوجا کرتا تھا۔ جنگلی جانور جو آج اس کی بندوق سے پناہ مانگتے ہیں یا رام ہوکر اس کی گاڑیاں کھینچتے ہیں اس وقت بلا روک ٹوک پہاڑوں اور جنگلوں اور میدانوں میں گھومتے پھرتے تھے گویا وہ زمین کے مالک ہیں اور یہ بے چارہ نہتّا اور کمزور جانور ان سے چھپتا پھرتا تھا اور درختوں کی شاخوں اور پہاڑوں کی کھوہیں ان سے بچ کر پناہ لیتا تھا۔ گرمی اور سردی، دھوپ اور بارش کی سختیاں جھیلتا تھا کیونکہ اس کے پاس ان سے بچاؤ کا کوئی انتظام نہ تھا۔ اپنی خوراک کے لئے وہ زمین کے رحم وکرم کا محتاج تھا۔ جنگلی

پھل پتے اور ترکاریاں کھاکر گزارا کرتا یا کبھی کبھی کسی چھوٹے موٹے جانور کو بے خبری میں شکار کرکے کھاتا۔ زمین کے اندر ہر قسم کے خزانے اس وقت بھی موجود تھے۔ فطرت کی قوتیں اس وقت بھی اپنا کام کر رہی تھیں۔ لیکن دونوں اس کی نظر سے پوشیدہ تھیں اور وہ اپنی بے اندازہ دولت اور قوتوں سے بے خبر افلاس اور بے بسی کی زندگی بسر کر رہا تھا۔ یہ منظر آپ کے ذہن میں آگیا؟ اب ذرا تاریخ کے صفحوں کو جلد جلد پلٹئے، اور گزری ہوئی صدیوں پر سے جست کرکے اس بیسویں صدی میں آئیے اور آج کل کی دنیا پر ایک نظر ڈالئے۔ کہاں ہے وہ آپ کا کمزور اور بے بس اِنسان جو گھاس کھاتا، پتوں سے بدن ڈھانکتا تھا جانوروں کو دیکھ کر بھاگ جاتا تھا، بادل کی گرج کو دیوتاؤں کے غصہ کی آواز سمجھتا تھا، جو زمین کی

سطح پر رینگتے ہوئے کیڑوں کی سی زندگی بسر کرتا تھا؛ اب تو ایسا معلوم ہوتا ہے کہ اس کے بجائے ایک اور ہی مخلوق اس دنیا میں آباد ہے جو فطرت کی قوتوں کی غلام اور ان سے خوف زدہ نہیں بلکہ ان پر حکومت کرتی ہے۔ ہوا اور پانی' بھاپ اور بجلی' چرند اور پرند سب اس کے اشارے پر کام کرتے ہیں۔ اس نے ان تمام قوتوں کو رام کرلیا ہے اور وہ بے چوں و چرا اس کی فرمانبرداری کرتی ہیں۔ اس کے لئے خوراک بہم پہنچاتی ہیں' مکان بناتی ہیں' کپڑے تیار کرتی ہیں ہر قسم کے خطروں اور بیماریوں سے اس کی حفاظت کرتی ہیں۔ وہ ہوا اور پانی کے سینے کو چیرتا ہوا پلک جھپکتے کہیں سے کہیں پہنچ جاتا ہے۔ جنگل اور پہاڑ سمندر اور دریا جو پہلے اس کے راستے میں حائل تھے اب کوئی روک پیدا نہیں کرتے۔ اس کی

ریلیں اور موٹریں، کشتیاں اور ہوائی جہاز اس قدر تیزی سے فاصلے کو نگلتے ہیں کہ دنیا سکڑ کر چھوٹی سی رہ گئی ہے! اس نے اپنے آرام اور آسائش اور کاروبار کی سہولت کے لئے بے شمار ایسی چیزیں ایجاد کرلی ہیں جواب سے دو سو برس پہلے گمان میں بھی نہ آسکتی تھیں۔ سارے شہر پر شام کا دھند لکا چھایا ہوا ہے۔ وہ ایک ذرا سا بٹن دباتا ہے اور رات دن میں تبدیل ہو جاتی ہے لاکھوں من کا ایک جہاز ہے جو سمندر کے کنارے کارخانے میں تیار ہوا ہے۔ بے شمار انسانوں اور جانوروں کی متفقہ قوت بھی اسے کھینچ کر سمندر تک نہیں پہنچا سکتی مگر بجلی کا وہی چھوٹا سا بٹن دبانے سے یہ معجزہ ظہور میں آجاتا ہے۔ دہلی میں بیٹھے بیٹھے کسی دوست کی خیریت معلوم کرنی ہے جو بمبئی میں رہتا ہے یا اس سے کسی کاروباری

معاملے پر گفتگو کرنی ہے۔ ہزار میل کا فاصلہ ہے لیکن فاصلہ اب کوئی معنی نہیں رکھتا۔ میز پر ایک چھوٹا سا آلہ رکھا ہے۔ اس کو اٹھائیے اور اس میں بات کیجئے اور آواز بجلی کے کاندھوں پر سوار چشم زدن میں ہر قسم کی رکاوٹوں کو پھلانگتی ہوئی بمبئی پہنچ جاتی ہے اور آپ اپنے دوست سے اس طرح باتیں کرلیتے ہیں جیسے وہ آپ سے دو فٹ کے فاصلے پر بیٹھا ہو۔ اس سے بڑھ کر اور حیرت انگیز بات کیا ہوگی کہ میں دہلی میں بیٹھا ہوا آپ سے باتیں کر رہا ہوں اور آپ بمبئی کلکتہ، حیدرآباد، علیگڈھ، لاہور، مدراس میں بیٹھے ان کو سُن رہے ہیں۔ اگر آپ کو تقریر پسند نہیں آئی تو آپ ذرا اس چھوٹی سی پھرکی کو گھمائیے جو آپ کے سامنے ہے اور فوراً میری تقریر غائب ہو جائے گی اور ہزاروں میل پرے سے بھانت

بھانت کی بولیاں اور گانے ہاتھ باندھے آموجود ہوں گے۔ اڑن کھٹولا اور الٰہ دین کا چراغ ان چیزوں کے سامنے بچوں کا کھیل معلوم ہوتے ہیں! اور وہی آپ کا مجبور انسان جس کو ایک زمانے میں سب سے بڑی فکر یہ تھی کہ کسی طرح دو وقت پیٹ بھرے اب ایسا صاحب اختیار ہوگیا ہے کہ اس کی نظر فضا میں شگاف کرتی ہوئی آسمانوں تک پہنچتی اور وہاں کی خبر لاتی ہے اور پانی اور مٹی کو چیرتی ہوئی زمین کی تہہ تک پہنچتی اور اس کے پوشیدہ خزانوں کا کھوج لگالیتی ہے۔ اپنی دوربین کے ذریعے وہ چاند اور سورج کا مشاہدہ کرتا اور اجرام فلکی کے حالات معلوم کرتا ہے اور خوردبین کی مدد سے پانی کے ننھے سے قطرے اور درخت کے نازک سے پتے میں ایک پورا عالم آباد دیکھتا ہے۔ جب روح ارضی نے

آدم کا استقبال کیا ہے اس وقت اس نے پیشین گوئی کی تھی کہ یہ کمزور اور بے بس انسان ایک دن دنیا اور اس کی تمام قوتوں پر حکمرانی کرے گا۔ شاعر کی زبان سے اس پیشین گوئی کو سنئے اور دیکھئے کہ وہ حرف بحرف پوری ہوئی یا نہیں:

ہیں تیرے تصرف میں یہ بادل یہ گھٹائیں
یہ گنبد افلاک یہ خاموش فضائیں
یہ کوہ یہ صحرا یہ سمندر یہ ہوائیں
تھیں پیش نظر کل تو فرشتوں کی ادائیں
آئینۂ ایام میں آج اپنی ادا دیکھ!
سمجھے گا زمانہ تیری آنکھوں کے اشارے
دیکھیں گے تجھے دور سے گردوں کے ستارے
ناپید ترے بحر تخیّل کے کنارے
پہنچیں گے فلک تک تری آہوں کے شرارے
تعمیر خودی کر اثرِ آہِ رسا دیکھ!

خورشید جہاں تاب کی ضو تیرے شرر میں
آباد ہے اک تازہ جہاں تیرے ہنر میں
جچتے نہیں بخشے ہوئے فردوس نظر میں
جنت تری پنہاں ہے ترے خون جگر میں
اے پیکر گل کوشش پیہم کی جزا دیکھ!

آخر انسان کی اس زبردست کامیابی کا بھید کیا ہے؟ اس نے کیسے دنیا کی تمام قوتوں اور مخلوقات کو اپنا تابع فرمان بنا لیا ہے؟ اس سوال کا مختصر اور جامع جواب یہ ہے کہ یہ معجزہ سائنس کی بدولت ظہور میں آیا ہے۔ قدرت نے انسان کو ایک کرید کرنے والا دماغ اور ایک ہنر مند ہاتھ دیا ہے۔ جس طرح ایک نو عمر بچہ آہستہ آہستہ اپنی چھوٹی سی دنیا کو دیکھتا بھالتا اور اسے سمجھنے کی کوشش کرتا ہے اسی طرح انسان نے بھی اپنی مشاہدہ کی قوت سے کام لے کر اس دنیا کے

کارخانے کو سمجھنے کی کوشش کی اس کی فطرت میں تجسس کا مادہ ہے۔ وہ ہر بات کو دریافت کرنا، ہر بھید کا پتہ چلانا چاہتا ہے۔ اپنی روزمرہ کی ضروریات اور فطرت کے اس تقاضے سے مجبور ہو کر اس نے آہستہ آہستہ ان قوانین قدرت کا پتہ چلایا جن پر دنیا قائم ہے۔ اس نے چیزوں کی خاصیت کو معلوم کیا، طرح طرح کے تجربے کئے۔ اپنے علم میں اضافہ کیا اور علم کے ساتھ ساتھ اپنی قوت کو بڑھایا۔ ایک طرف اس کا بے چین دماغ قدرت کے بھیدوں کی چھان بین کرتا رہا دوسری طرف اس کے ہنرمند ہاتھوں نے اس بڑھی ہوئی واقفیت سے فائدہ اُٹھا کر ایسی چیزیں اور آلے بنائے جن کی مدد سے وہ پرانے کام زیادہ اچھی طرح اور بہت سے نئے کام انجام دینے لگا۔ اس نے آگ جلانا سیکھا۔ چٹانوں کو پگھلا کر لوہا

اور کانوں کو کھود کر کوئلہ نکالا اور لوہے، کوئلے اور آگ کی مدد سے وہ مشینیں اور آسلے تیار کئے جن پر آج ہمارے تمدن اور تہذیب کی بنیاد قائم ہے۔ اس نے پانی سے بجلی بنائی اور بجلی سے اپنے کارخانے چلائے۔ اس نے زمین کا پیٹ چاک کرکے اس میں سے پٹرول نکالا جس کی بدولت آج ہماری موٹریں چلتی اور ہوائی جہاز اڑتے ہیں، سائنس اور صنعت و حرفت کی اس ترقی میں ان تمام نامور اور گمنام لوگوں کی ان تھک کوششیں شامل ہیں جنھوں نے انسان کا علم اور اس کی قوت بڑھانے کے لئے صدیوں جدو جہد کی۔ جن کی کوششوں کا پھل ہم آج کھا رہے ہیں۔

جہاں سائنس نے ایک طرف ہماری نقل و حرکت اور سیر و سیاحت کے لئے تیز رفتار مشینیں بنا کر فاصلے کو تسخیر کرلیا ہے وہاں اس نے وقت کی

طنابیں بھی کھینچ دی ہیں۔ ہفتوں اور مہینوں کا کام اب گھنٹوں اور دنوں میں ہونے لگا ہے۔ مشین نے انسان کی قوت کو کئی ہزار گنا زیادہ کردیا ہے اور اس کی مدد سے اب وہ بے شمار چیزیں تھوڑے سے وقت میں تیار کرسکتا ہے۔ اگر کوئی کاری گر مشین کی مدد کے بغیر مثلاً ایک سوئی بھی بنانا چاہے تو شاید اسے کئی دن لگ جائیں اور ممکن ہے وہ اسے بنا ہی نہ سکے۔ لیکن سائنس کی بدولت سوئی کے ایک کارخانے میں ایک دن میں کئی لاکھ سوئیاں تیار ہوسکتی ہیں۔ اس وجہ سے وقت کی بچت ہونے لگی اور ایک طرح گویا انسان کی عمر اور کارکردگی بڑھ گئی۔ لیکن سائنس کی ترقی اور ایجادوں نے اس سے اور آگے بڑھ کر ایک حد تک ماضی اور حال اور مستقبل کا فصل مٹا کر ان میں ایک نیا رشتہ قائم کردیا ہے اور مختلف

ملکوں اور مختلف زمانوں کے لوگوں میں تبادلہ خیالات اور علوم و فنون کی اشاعت کے نئے نئے ذریعے ایجاد کئے ہیں جن کی بدولت اب وقت انسان کے کارناموں کو نہیں مٹا سکتا۔ شروع میں خیالات اور تجربوں اور یادداشتوں کو محفوظ رکھنے کے لئے انسان اپنے حافظے پر بھروسہ کرتا تھا۔ جو اول تو اعتبار کے قابل نہیں اور دوسرے آدمی کے ساتھ فنا ہو جاتا ہے۔ اس کے بعد انسان کے دماغ نے ایک اور قدم آگے بڑھایا اور تصویروں کے ذریعے اظہار خیال ہونے لگا۔ یہ تصویریں پتھروں، دھاتوں کپڑوں اور کھالوں پر بنائی جاتی تھیں اور زبانی یاد سے زیادہ دیرپا ثابت ہوتی تھیں۔ پھر انسان نے لکھنے کا فن ایجاد کیا۔ کاغذ بنایا اور کتابیں تصنیف کیں۔ علم کی اشاعت بڑھی۔ ایک نسل کے تجربے دوسری تک منتقل

کرنے میں سہولت ہوئی۔ لیکن یہ کتابیں بہت محنت اور وقت صرف کرکے ہاتھ سے لکھی جاتی تھیں۔ ان کی تعداد کم اور قیمت زیادہ تھی علم کے پیاسے دُور دُور ان کی تلاش میں پہنچتے اور بعض پھر بھی پیاسے ہی رہ جاتے! گرجاؤں میں بائیبل کو لوہے کی زنجیر سے باندھ کر رکھا جاتا تاکہ کوئی من چلا طالب علم اس کو چرا کر نہ لے جائے! لیکن چھاپے کی مشین نے اس صورت حال کو بالکل بدل دیا۔ کتابیں لاکھوں کی تعداد میں اور سستی چھپنے لگیں۔ اخباروں نے ایک نیا جنم لیا اور علوم کی اشاعت میں غیر معمولی آسانیاں پیدا ہوئیں۔ اب یہ اندیشہ جاتا رہا کہ گزشتہ اور موجودہ زمانے کی بیش بہا علمی تحقیقات اور ادبی خزانے ضائع ہو جائیں گے ان کتابوں کے ذریعے سقراط اور افلاطون، مہاتما بدھ اور حضرت

محمدؐ، شیکسپیر اور کالی داس، نیوٹن اور آئن سٹائن ہم سے باتیں کر سکتے ہیں۔ بے شک یہ ضرور ہوا کہ کتابوں کی قیمت کم ہونے سے ان کی قدر بھی کم ہوگئی لیکن اس میں سائنس کا کیا قصور؟

یہ تبادلۂ خیال انسانوں کی ذہنی اور علمی ترقی کے لئے از حد ضروری ہے اور اس مقصد کے لئے سائنس نے علاوہ کتابوں کو عام کرنے کے اور بھی بہت سے طریقے ایجاد کئے۔ تار اور ٹیلیفون وائرلیس اور ریڈیو کے ذریعے خیال کے پر لگ گئے اور ان تمام زنجیروں نے جن میں سے بعض دکھائی دیتی ہیں اور بعض دکھائی بھی نہیں دیتیں دنیا کے لوگوں کو ایک نئے رشتے میں جکڑ دیا ہے۔ ایک آدمی اپنے کمرے میں بیٹھا ریڈیو کے ذریعے ساری دنیا میں اپنی آواز اور پیغام پہنچا سکتا ہے۔ اس ریڈیو نے جغرافیہ کے حدود اور قوموں کی تقسیم کو

بالکل بے معنی کر دیا ہے۔ ٹیلیفون کے تار کاٹے جا سکتے ہیں۔ سمندر میں بچھے ہوئے کیبل ٹوٹ سکتے ہیں لیکن ایتھر کی موجیں ہر وقت ہماری خدمت کے لئے موجود ہیں اور اس کے ذریعے اچھا اور برا گانا، جھوٹی اور سچی خبریں، مجرموں کا حلیہ قصّے کہانیاں، ڈرامے، تقریریں گھر گھر پہنچ سکتی ہیں۔ یہی نہیں بلکہ سائنس نے انسان کی آواز کو لافانی بنا دیا ہے۔ گراموفون کے پتے میں اس کو بند کر لیجیے اور ہم سے پانچ سو برس بعد آنے والی نسلیں ہماری باتوں کو سن سکیں گی اور وہ دن بھی دور نہیں جب ٹیلی وژن عام ہو جائے گا اور ہم نہ صرف دور دراز کی آوازیں سن سکیں گے بلکہ لوگوں کی صورتیں بھی دیکھ سکیں گے۔

کیا سائنس کے کرشمے ختم ہو گئے؟ نہیں یہ تو اس دل کش کہانی کی ابتدا ہے اور کہانی اتنی

لمبی ہے کہ میں اس کا ایک حصّہ بھی آپ کو نہیں سنا سکتا۔ اس نے ہماری زندگی کے ہر پہلو اور ہر شعبہ پر اثر ڈالا ہے اور جہاں کہیں انسان کی حرص اور حماقت نے اس کا غلط استعمال نہیں کیا اس نے ہماری زندگی کے دکھوں کو گھٹایا اور آسائش کو بڑھایا ہے۔ جب کبھی اِنسان کسی بڑی مصیبت یا خطرے سے دو چار ہوتا ہے اس کا دماغ سائنس کی طرف رجوع کرتا ہے اور سائنس اس کی مدد کے لئے اپنا دستِ فیض بڑھاتی ہے۔ اس کی بے شمار مثالیں ہیں۔ کوئلے کی کانوں میں روشنی لے جانے سے اکثر گیس بھڑک اٹھتی تھی اور اس طرح ہزاروں لاکھوں بندگان خدا کی جانیں ضائع ہو جاتی تھیں ڈیوی (DAVY) نے ایک خاص قسم کا سیفٹی لمپ بنا دیا جس سے یہ خطرہ دور ہو گیا۔

ڈاکٹروں کو آئے دن آپریشن کرنا پڑتا ہے۔ کچھ عرصے پہلے تک بڑے سے بڑا آپریشن بغیر کلورو فارم کے کیا جاتا تھا کیوں کہ اس وقت تک کلورو فارم کا وجود ہی نہ تھا اور جو تکلیف اور جان کنی کا سا عذاب مریضوں کو ہوتا تھا وہ ان ہی کے دل سے پوچھئے۔ اب کلورو فارم اور ایتھر کی بدولت یہ کام ہنستے کھیلتے ہو جاتا ہے ایکسرے کے ذریعے جو کسی قسم کی رکاوٹ کو خاطر میں نہیں لاتی ہم بدن کے اندر کا فوٹو لے سکتے ہیں اور ڈاکٹر بجائے اندھیرے میں تیر چلانے کے اطمینان اور یقین کے ساتھ آپریشن کر سکتے ہیں۔ بہت سی بیماریاں جن کو لوگ ہمیشہ سے لا علاج سمجھتے آئے تھے اور جنھوں نے لوگوں کی زندگی کو تلخ کر دیا تھا۔ مثلاً پلیگ، کالرا، دق، چیچک، زرد بخار ان کو سائنس نے قابو میں کر لیا ہے اور اگر

انسانوں کی مت ماری ہوئی نہ ہو تو یہ امراض ساری دنیا سے مٹ جائیں۔ بہت سے عالموں کو یہ اندیشہ لگا ہوا تھا کہ دنیا میں آبادی کے بڑھ جانے کی وجہ سے خوراک کی کمی ہو جائے گی اور لوگ یا تو بھوکے مریں گے یا قدرت بیماریوں اور جنگوں کے ذریعے اس اضافے کی روک تھام کرے گی۔

مگر سائنس نے اپنی تحقیقات کے ذریعے ایسے طریقے دریافت کر لئے ہیں جن سے زمین کی زرخیزی اور پیداوار کئی گنا ہو سکتی ہے اور اس کی بدولت انسان کے ہاتھ میں آج ایسی قوتیں موجود ہیں کہ اگر انہیں صحیح طریقے سے استعمال کیا جائے تو دنیا سے افلاس اور ناداری کی مصیبت بڑی حد تک دور ہو جائے۔ اور ان سب سے بڑھ کر سائنس کا احسان یہ ہے کہ اس نے انسان کو بے معنی

خوفوں اور توہمات سے نجات دلائی ہے۔ اب وہ فطرت کی قوتوں سے خوف زدہ ہو کر ہمت نہیں ہارتا بلکہ ان کو تسخیر کرنے کی فکر میں لگا رہتا ہے۔ اِس میں اپنی قوت کا احساس اور اپنی ذات پر اعتماد پیدا ہو گیا ہے اور وہ اپنی کوشش اور جد و جہد سے اس دنیا کو بدلنے اور سنوارنے کی فکر کرسکتا ہے۔ یہ ذہنی روشنی اور آزادی سائنس کا سب سے بیش بہا عطیّہ ہے۔

ممکن ہے آپ اب یہ سوال کریں کہ اگر سائنس میں یہ سب قوت ہے تو اسے چاہیئے تھا کہ دنیا کو جنت بنا دیتی: لیکن ہمارا روز مرہ کا مشاہدہ اور تجربہ یہ ہے کہ اس دنیا میں بیماری بھی ہے اور افلاس بھی، جہالت بھی ہے اور تعصب بھی، ظلم بھی ہے اور جنگ و خوں ریزی بھی۔ پھر آپ کی سائنس کو کس بات پر فخر ہے؟ یہ ایک

نہایت دل چسپ بحث ہے جس کا اب موقع نہیں شاید پھر کبھی نکلے۔ لیکن سائنس کی صفائی میں اتنا کہنا ضروری ہے کہ قصور سائنس کا نہیں ہمارا اپنا ہے۔ انسان نے اکثر سائنس کے ذریعے خدمت خلق کرنے کے بجائے اسے دوسروں کو غلام بنانے اور ان پر ظلم کرنے کے لئے استعمال کیا ہے۔ کیمسٹری کی معلومات سے فائدہ اٹھاکر گولے بارود اور زہریلی گیسیں ایجاد کی ہیں جن سے وہ اپنے ہم جنسوں کو تباہ کرتا ہے۔ ہوائی جہازوں سے بے قصور لوگوں پر بم پھینکنے کا کام لیا ہے۔ صنعت وحرفت کی ترقی سے عام خوش حالی بڑھانے کے بجائے اپنی دولت اور قوت بڑھانے کی فکر کی ہے۔

واقعہ یہ ہے کہ ابھی تک اس کی اخلاقی حالت ایسی نہیں کہ وہ ان زبردست قوتوں کا صحیح

استعمال کر سکے۔ شیخ سعدی کے ہیرو کی طرح اس کے ہاتھ میں کلہاڑی ہے اور وہ اس سے لکڑی کاٹنے کے بجائے مسجد کی دیوار ڈھانا چاہتا ہے۔ بلکہ یوں کہئے کہ اس کی حالت ایک نادان لڑکے کی سی ہے جس کو کسی بہت بڑے بجلی کے کارخانے میں بٹنوں کے تختے کے پاس بٹھا دیا جائے اور وہ بے پروائی کے ساتھ ان بٹنوں سے کھیلے اور اسے یہ احساس نہ ہو کہ ان خوفناک قوتوں کو رہا کردینے کا کیا نتیجہ ہوگا، ممکن ہے کہیں آگ لگ جائے۔ یا عمارت گر پڑے اور کام کرنے والے آدمی جھلس جائیں! لہٰذا سائنس کو الزام دینے سے زیادہ فکر اس بات کی کرنی چاہیئے کہ انسان کی ایسی ذہنی اور اخلاقی تربیت کی جائے کہ وہ ان زبردست قوتوں کو رفاہ عام کے لئے استعمال کرے اور ان کی مدد سے ایک نئی اور بہتر دنیا تعمیر کرے۔ ورنہ

باوجود سائنس کی اس قدر ترقی کے اس تباہ حال اور گھٹیا دنیا پر قانع رہنا بڑی نادانی اور ناشکری ہے۔

سفر میں پردہ

ایک ہندوستانی مسافر کے لئے اِس سے زیادہ تعجب خیز کوئی بات نہیں ہو سکتی کہ مصر، ترکی، یا عراق میں ریل، بس یا ٹرام کہیں بھی زنانہ ڈبہ یا زنانہ حصہ نظر نہیں رہتا۔ ترکوں اور مصریوں کے متعلق تو یہ کہا جاتا ہے کہ انہوں نے یورپ کی تہذیب اختیار کرلی ہے لیکن عراق کے مقدس شہروں کے مسلمان باشندوں کے متعلق آپ کیا کہیں گے ؟

مصری، ترکی اور عراقی عورتیں اپنے اپنے کام کاج کرنے کے لئے گھروں سے باہر نکلتی ہیں، بازار جاتی ہیں خرید و فروخت کرتی ہیں، بچہ یا کوئی عزیز بیمار ہو جائے تو اس کو شفا خانے پہنچاتی ہیں، اپنے

بچوں کو خود مدرسہ لے جاکر شریک کراتی ہیں اور مہینہ بیس روز میں مدرسہ جاکر استادوں سے ان کی تعلیمی حالت پوچھتی رہتی ہیں۔ ان کی لڑکیاں بھی بالکل لڑکوں کی طرح مدرسہ میں پڑھتی اور اپنی ہمجولیوں کے ساتھ آتی جاتی ہیں۔

واقعہ یہ ہے کہ آپ چاہے کسی اسلامی ملک کا کونہ کونہ چھان ماریں لیکن آپ کو وہ "پردہ" نظر نہیں آئے گا جو ہمارے ملک میں عورتوں کی زندگی کا سب سے بڑا جز بنا دیا گیا ہے اور جس نے ہماری عورتوں کو اپاہج اور نکمّا کرکے گھر کے کام کاج کا بوجھ بھی مردوں کے سر تھوپ دیا ہے۔ ان اسلامی ملکوں میں عورتوں کو اتنی آزادی حاصل ہونے کے باوجود بھی مردوں سے برابری اور مزید آزادی کے لئے کوشش کی جاتی ہے۔

مسلمان عورتوں کی بے پردگی اور آزادی کی

کیا وجہ ہے ؟ یہ وہ سوال تھا جو میں نے اسلامی ملکوں کے کئی قابل لوگوں سے کیا ۔ انہوں نے جو جواب دئے وہ میں نہایت اختصار کے ساتھ دہراتا ہوں ان کا بیان ہے کہ جس ملک میں سواری کے لئے اونٹ اور رہنے کے لئے خیمہ ہو وہاں مرد عورت کی بالکل الگ زندگی ممکن نہیں ہے ۔ البتہ جب مسلمان شہروں میں رہنے لگے مال و دولت میں اضافہ ہوا، عیش و عشرت کے سامان مہیا ہونے لگے تو مسلمانوں کے صرف اعلیٰ طبقہ نے اپنی عورتوں کو پردہ کرانا یا گھروں میں قید کرنا شروع کردیا ۔ پردہ کی زندگی نے عورتوں کے قویٰ کمزور کردئے تھے ۔ ان میں مختلف بیماریاں تپ، دق، سل پھیل گئی تھیں۔ ان میں ذہنی کمزوری پیدا ہوگئی تھی۔ ان میں ہمت اور خود اعتمادی غائب ہونے لگی تھی۔ ان کے دل میں یہ بات بیٹھ گئی تھی

کہ عورت ایسی کمزور اور محتاج ہے کہ بس مرد ہی اس کی زندگی کو سنوار اور بگاڑ سکتا ہے اور مرد ہی اس کی روزی کا ذریعہ ہے۔ ظاہر ہے کہ ان حالات میں گھر کی کیا فضا ہوگی؟ بچّے کیسے ہوں گے؟ وہ کِس ماحول میں پرورش پائیں گے؟

پردے میں رہتے رہتے عورتیں بھی اس زندگی کی ایسی عادی ہوگئیں کہ انھوں نے اپنے حقوق اور آزادی کے لئے خود کوئی کوشش نہیں کی جب اسلامی ملکوں پر یورپ کے عیسائیوں کا قبضہ ہونے لگا تو مرد اپنی قوم کی آزادی اور ملک کی قوت کو قائم رکھنے کے لئے اس بات پر مجبور ہوئے کہ اپنی عورتوں کو گھروں کی چار دیواری سے نکال کر اپنے دوش بدوش ہر قسم کے کام پر لگا دیں۔ محبانِ وطن اور ارکان حکومت نے عورتوں کی پردہ کی مصنوعی زندگی کو ایک دم بدل دیا اور اپنی عورتوں کو

عزت اور آبرو سے اپنے کام کاج کرنے اپنی روزی آپ کمانے اور ہنسی خوشی سے زندگی بسر کرنے کے لئے ہر طرح کے موقع دیدئے۔

اتفاق سے استنبول میں ایک نوجوان ترکی عورت سے میری ملاقات ہوئی۔ میں نے پوچھا آپ جیسی نوجوان عورتوں کو ترکی کے نئے قانون سے کیا فائدہ ہوا؟

وہ مسکرائیں اور پھر کہا۔

"میں اپنی آپ بیتی آپ کو سنا دیتی ہوں۔ آپ خود کوئی نتیجہ نکال لیجئے۔ میں ایک پاشا کی بیٹی ہوں۔ جب جوان ہوئی تو میرے والدین کو جو خاصے کھاتے پیتے تھے، میرے بیاہ کی فکر ہوئی وہ چاہتے تھے کہ میرے خاندان، عمر اور طبیعت کے لحاظ سے میرا شوہر ملے۔ جب کوئی موزوں شخص نہ ملا اور میری عمر بڑھنے لگی تو پریشان ہوکر مجھے

ایک ایسے کے سر منڈھ دیا جو ہم رتبہ اور دولتمند
تو ضرور تھا لیکن معمر، بد مزاج اور بد چلن تھا۔
میرے شوہر کے گھر میں میرے آرام کے سامان تھے
لیکن میں اپنی زندگی سے بیزار تھی اور تمام وقت
قہوہ پینے، سگریٹ دھنکنے، زیور پہننے، کپڑے بدلنے
اور ناول پڑھنے میں گزارتی تھی۔ ترکی کے انقلاب کے
بعد جب نیا قانون نافذ ہوا تو سینکڑوں مصیبت زدہ
عورتوں کی طرح میں نے بھی اس سے فائدہ اٹھاکر
اپنے شوہر سے اپنا پیچھا چھڑا لیا۔ اب میں ایک
بنک میں ٹائپسٹ ہو گئی ہوں میری آمدنی کم ہے
موٹا جھوٹا کھاتی اور پہنتی ہوں لیکن نہ صرف عزت
سے اپنا پیٹ آپ پالتی ہوں بلکہ جو وقت بچتا ہے
وہ اپنے وطن کے رفاہی کاموں میں صرف کرتی ہوں
میں اپنی تمام عمر میں ایسی خوش نہ تھی جیسی کہ
اب ہوں۔"

اس کے بعد ایک دن ایک ہوجہ (ترکی مولوی صاحب) سے ایک مسجد میں ملاقات ہوئی۔ ہوجہ صاحب کے سر پر سبز عمامہ تھا، بدن پر جبہ، ٹخنوں سے اونچا پاجامہ، آنکھوں میں سرمہ، موچھیں ترشی ہوئیں، ڈاڑھی ایک مشت دو انگل، ہاتھ میں تسبیح اور جیب میں عطر کی شیشی۔ میں ان سے بات چیت کرنا چاہتا تھا کہ اتنے میں ایک عورت بالکل میموں کا سا لباس پہنے، ہیٹ لگائے، دو چھوٹے چھوٹے بچوں کے ساتھ مسجد میں داخل ہوئی۔ ہوجہ صاحب نے اس کی طرف سے اپنا منھ پھیر لیا مگر اس نے ذرا بھی پروانہ کی اور ایک کونہ میں جو کلام مجید رکھے ہوئے تھے ان میں سے ایک نکال کر تلاوت کرنے لگی۔ میں نے ہوجہ صاحب سے پوچھا۔ 'کہئے دنیا کا کیا حال ہے' ؟ پہلے تو اُنھوں نے مجھے غور سے دیکھا اس کے بعد اِدھر اُدھر شبہ کی نظر ڈالی پھر میرا نام و نشان

دریافت کیا۔ جب ذرا اطمینان ہوا تو آہستہ آہستہ رُک رُک کر کہا۔

"جناب ہمارے وطن میں ایک زمانہ تھا کہ شیخ الاسلام کی توثیق کے بغیر سلطان کا فرماں نافذ نہ ہو سکتا تھا۔ ہم ہو جے ملک کے سپید و سیاہ کے مالک تھے لیکن نتیجہ یہ ہوا کہ ہماری سلطنت برابر کمزور ہوتی گئی۔ جس مسجد میں ہم آپ بیٹھے ہوئے ہیں اسی پر ہندستانی فوج کا پہرہ تھا۔ اس زمانہ میں ہم شرم کے مارے اپنے گھروں کے باہر قدم نہ رکھتے تھے۔ وہی سوٹ بوٹ والے ترک جن سے ہم نفرت رکھتے تھے انھیں کی بدولت آج ہماری مسجدیں آباد، ہماری قوم آزاد اور ہمارا ہلال کا جھنڈا فلک کے طول و عرض میں لہراتا نظر آتا ہے۔ کیا ہر محب وطن کا یہ فرض نہیں ہے کہ اب انھیں پر بھروسہ کرے جو اس کے اہل ثابت ہو چکے ہیں؟

ہم کس منہ سے ان پر اعتراض کریں جنہوں نے ترکی کو پھر زندہ کردیا !"

میں جب واپسی کے لئے بصرہ میں جہاز پر سوار ہوا تو ہوا کے سکوت سمندر کے سکون اور رات کے سناٹے میں یہ سوال مجھے اکثر بے چین کرتے تھے۔ کیا مصری، ترکی اور عراقی عورتوں نے اسلامی پردہ چھوڑ دیا ہے ؟ کیا ہماری عورتوں کا پردہ اسلامی ہے ؟ کیا ہمارا پردہ مسلمانوں کی جہالت، غربت اور صحت کی خرابی کا باعث نہیں ہے ؟ کیا کمزور اور غمگین عورتوں کے بچے طاقتور اور خوش مزاج ہو سکتے ہیں ؟ کیا تنگ خیال عورتوں کے بچے روشن خیال ہو سکتے ہیں ؟ کیا مقید عورتوں کے بچے آزاد ہو سکتے ہیں ؟

لاڑ بازار

جیسا کہ اس کے نام سے ظاہر ہے یہ بازار اس شہر میں سب سے زیادہ پیارا ہے اس کی دکانیں، بالا خانے، کوٹھے ماڑیاں، اٹاریاں پرانی وضع کی ہیں، نئی ہے تو یہاں ایک سمنٹ کی سڑک ہی نئی ہے۔ یہ بازار مشرق کی جانب چار مینار سے شروع ہو کر مغرب میں محبوب چوک سے ذرا بل کھا کر ایسا جا ملا ہے جیسے کسی چھبیلی کی مانگ بھونری سے۔ بازار کے دونوں طرف دکانیں ہیں دکانوں پر کمرے، بالا خانے، کوٹھے ہیں، کہیں کہیں سہ منزلی عمارت بھی ہے۔ ان کے دروازوں، کھڑکیوں کے کواڑ جھلملی دار ہیں، جن پر سبز، فیروزی، زرد روغن

چڑھا ہے۔ دیواریں سفید قلعی دار ہیں۔ البتہ چو محلے مُبارک کا نوبت خانہ سرخ ہے جو اس بازار کے وسط میں جانب جنوب ہے۔ اس کا پھاٹک بڑا شاندار ہے۔ بازار کے رخ پر بڑی خوب صورت بنگلیاں نکلی ہیں۔ اس پھاٹک کے دونوں بازؤں پر کمر بندوں، موتیوں، منہاری سامان، گڑیوں کے برتنوں کی دُکانیں ہیں اسی بازار میں سے پنچ محلے مبارک کو بھی رستہ گیا ہے۔ بڑے بڑے عرب جمعداروں کی حویلیاں بھی اسی بازار میں ہیں۔ جانب شمال سلطان مکلہ کی حویلی ہے اور جانب جنوب "برق جنگ" کی۔ اس سے ایک راستہ مکہ مسجد میں جاتا ہے۔ چار مینار کے قریب اسی بازار سے ملحق جنوب مشرق میں پھول والوں کی دُکانیں ہیں جو پھولوں کا گہنا بڑا خوبصورت بناتے ہیں اور اس کو اگر کی باریک سبز سبز پتیوں اور سُرخ سبز ڈاک کی کترنی لڑیوں سے

سجاتے ہیں۔ موتیا، بیلا، موگرا، چنپا، گلاب، چنبیلی، رائے بیل، نواڑا، سیوتی، جوہی کے پھولوں کے ڈھیر کے ڈھیر لگے رہتے ہیں۔ جس پھول کی رت ہوئی اس کے انبار لگ جاتے ہیں۔ کیوڑے کی گلیاں بھی دھری رہتی ہیں۔ زرد چنبیلی یہاں نہیں ہوتی البتہ زرد سیوتی ہوتی ہے۔ اس سے ملی ہوئی ہندو مسلمان گندھیوں کی دوکانیں ہیں جو یہاں مصالحہ فروش اور عطر فروش کہلاتے ہیں۔ پہلی دُکان جانب جنوب مگن لال موہن لال کی ہے۔ اس کے برابر رام چندر بنسی لال کی۔ پاپا لال کے ہاں اور شیخ محیّ الدین کے ہاں اِن دُکانوں میں خوب مال بھرا ہے۔ اگر، برکھی، لوبان جس کو اس شہر میں عود کہتے ہیں بہت عمدہ ہوتا ہے۔ صندل سفید، سُرخ دونوں طرح کا ہوتا ہے اس کا چورا اور برادہ بھی فروخت ہوتا ہے۔ پٹروں پر چوکور ڈِبوں میں چھیل چھبیلا، ناگر مولیا، بال چھڑ،

کپور کچری، ڈونگر کچری، اون بیر، کلنجن، پان کی جڑ، خس، بابونہ، مروا، باونچی، مولسری کے سوکھے پھول بھرے رکھے۔ سہاگ کی چوڑیاں جن کو یہاں کھوبڑا کہتے ہیں پانچ آنے سے لیکر سوا روپئے تک کی۔ دلہنوں کی جوتیاں جن کو یہاں کوسیان کہتے ہیں اور جس کی تصغیر تحقیراً کھوسڑا دلّی میں ابتک بولی جاتی ہے۔ سہاگ پڑے چکسے کے پڑے، (چکسہ خوشبوئیں کوٹ کر چھان کر سفوف سا بنا لیتے ہیں جو اُبٹنے کی طرح جسم پر ملا جاتا ہے)۔ کالی پوتھ کے پچھے جو یہاں سہاگ کے لئے لازمی ہیں اور ہندو، مسلمان دونوں کی سہاگنیں شادی کے بعد گلے میں پہنتی ہیں اور ہر وقت سوتے جاگتے پہنے رہتی ہیں۔ اگر یہ ٹوٹ جائے تو بڑی بدشگنی سمجھی جاتی ہے۔ اس کے ٹوٹنے کو یہاں کی مستورات بدنا کہتی ہیں۔ طرح طرح کے عطر کی شیشیاں الماریوں میں سجی۔ لشکن، مہو بند (یعنی موبند)

لال نارڑے، سُرخ و زرد قلاوے دوکانوں کے سامنے لٹکے بڑی بہار دکھاتے ہیں سلمٰی بی چٹلے والی کے ہاں پنجاب کے پرینڈے (پروندا) حیدرآباد کے لشکن اور موبند، بالوں کے چٹلے اچھے ملتے ہیں ان خوشبوؤں سے سارا بازار مہکا رہتا ہے۔ بری کا پورا سامان یہاں سے خریدا جاتا ہے۔ فتح خاں کی دوکان سے چوبے سجانے کے لئے پانچ رنگ کا کٹا ہوا کھوپرا خریدئے۔ بڑلی سپیاری جو یہاں شگون میں کام آتی ہے۔ اسی دوکان سے لیجیئے۔ بنسی لال۔ رتن لال ٹکٹ گر اور شہاب الدین ٹکٹ گر کے ہاں سے کرکری کا اور ٹکٹ کا سامان لیجیئے۔ ٹکٹ یہ سنہری رو پہلی چھاپے کا کام ہے اور ہندوستان کی قدیم صنعت ہے۔ ٹکٹ گر ایسا کپڑا صفائی سے چھاپتے تھے کہ بنارس کی نیم زری، کمخواب، پوتھ، زربفت، مشجر شرما جائے۔

اگلے زمانے میں چھاپہ ایسا پیوست کپڑے سے ہو جاتا کہ دھوبی کے گھر بھی نہ چھٹتا اور سونے کی چمک سیکڑوں برس قائم رہتی۔ آج کل نشان، ڈھٹیاں، غلاف، خوان پوش، کشتی پوش، چوک، چوکی کے کپڑے، پچھتولے یعنی دلہن کے دوپٹے چھپتے ہیں۔ پچھتولے کو شمالی ہندستان کے قصبوں میں محضر کہتے ہیں۔ دوپٹہ سُرخ ہوتا ہے۔ محرم جس کو یہاں چولی کہتے ہیں سبز ہوتی ہے۔ خوان پوش زرد ہوتے ہیں ان پر روپہلی یا سنہری شعلہ، گلاب، طغرا، کیری کے نمونے پڑے ہوتے ہیں۔ ڈھٹی علم کے پٹکوں کو یہاں کہتے ہیں۔ طغرے طرح طرح کے ہوتے ہیں۔ شیر بنے، طوطے بنے، پنجتن پاک کے نام لکھے، قرآنی آیتیں لکھیں۔ بُن سوپاری والے جن کو یہاں سوداگر گرد چوب کہتے ہیں۔ دوکانیں سجائے چوگھڑا الائچی جیسی اس شہر میں ہوتی ہے

ایسی ہندستان میں کہیں نہیں ہوتی ۔ سفید موٹی موٹی جیسے سفید کتھے ۔ ہری الائچی، جوز، جوتری، لونگ، چھالیا گرڑھے کی لمبی ڈنڈی کی اور سنگاپوری یہاں کھائی جاتی ہے ۔ جہازی اور مانک چندی کا رواج نہیں ۔ چکنی چھالیا بھی جیسی عمدہ اس شہر میں ہوتی ہے کہیں نہیں ہوتی ۔ مزے کی اور ایسی سخت ہوتی ہے کہ گھنٹوں منھ میں نہیں گھلتی مزا ذرا کسیلا نہیں ہوتا اور نہ بھکسی ہوتی ہے کہ معلوم ہو اُپلے کی گزسی ہے بڑے عمدہ قماش کی ہوتی ہے کہ سنگ چقماق کا ٹکڑا معلوم ہوتی ہے ۔ دیسی کتھا، گلابی کتھا، کانپوری کتھا، بریلی کا کتھا، کٹنی کا کتھا سروج کا کتھا، جو کالا ہوتا ہے اور ذرا لیسدار لیکن منھ خوب رچتا ہے یہاں نہیں کھاتے ۔ عام طور پر کتھا سوکھا کتر کر کھاتے ہیں پکے ہوئے گیلے کتھے کا مذاق یہاں شمالی ہند سے آیا ہے ۔ دیسی پتھے کا

زردہ لکھنو، پونے، رامپور کے رنگین زردے شیشوں میں بھرے الماریوں میں سجے۔ اسی لنکتار میں گوٹا کناری والوں اور زردوزوں کی دُکانیں ہیں۔ حاجی دادا کی دُکان یہاں ایسی ہی ہے جیسے دلی کے حاجی علی جان والوں کی چاندنی چوک میں۔ گوٹا کناری یہاں زیادہ تر مارواڑی بیچتے ہیں۔ دلی، لکھنو، رامپور، بنارس، کانپور اور سورت سے مال آتا ہے۔ کسی زمانے میں اورنگ آباد کا اور خود اسی شہر حیدرآباد کا گوٹا کناری مشہور تھا۔ بافت ٹھپے اور کنارے کی بڑی ٹھکی ہوتی تھی۔ بادلا چمکیلا لیکن نخ کی بجائے خیاط لگاتے تھے مضبوط اور دیرپا ہوتا تھا۔ افسوس ہے کہ اب یہ صنعت شہریوں کی بے توجہی سے معدوم ہوتی جارہی ہے کارچوب یہاں بہت عمدہ اور خوب گٹھا ہوتا ہے جوتی کی اوگی سات روپیہ سے لیکر ۲۵ پچیس تک کی

تو تیار ملتی ہے فرمائش سے نئو سے لے کر ہزار تک کی بنوا سکتے ہیں۔ مال اجاگر لگاتے ہیں کہ سونے کا ڈلا معلوم ہوتا ہے۔ اجاگر تازہ چمکیلے مال کے لئے جوتے والے اور کناری والے بولتے ہیں۔ حیرت ہوتی ہے کہ آج کل تقریروں میں مقرر اور خطیب اس لفظ کو روشن کے معنوں میں بڑی بے باکی سے بول جاتے ہیں اور ذرا اس کے بے محل استعمال پر نہیں شرماتے۔ میں نے جب اس لفظ کو ان لوگوں کے منھ سے جن کی میں عزت کرتا ہوں سینکڑوں اور ہزاروں کے مجمعوں میں چبوترے پر سے بولتے سنا تو مجھے شرم سے پسینہ آگیا کہ انسان اپنی مادری زبان کے لفظ کیسے غلط موقعہ پر استعمال کرسکتا ہے اور پھر وہ جو پڑھا لکھا کہلائے ؟ سلمہ ستارہ گوکھرو، الماس، کرن، قیطون، الماس تراش، ٹھپّے دھنک کنارے،

پیمک یا نکڑیاں، چکتیاں اور پنڈے بنے رکھیں اسی میں ولایت کا بدیسی کھوٹا مال اور تپتڑے کا مال بھی ملا جلا رکھا ہوتا ہے۔ بساطیوں کی بھی یہاں دوکانیں ہیں۔ بساط خانے کو یہاں منہاری سامان کی دوکان کہتے ہیں۔ محمد یوسف الدین ٹیپل کے ہاں خوب سامان ہے۔ طرح طرح کی کوڑیاں، منکے، جھوٹے موتی، سنہری موتی، نردیں، مٹھیاں، جھنجھنے، چٹے بٹے، گاؤں والوں کے آئینے، کوکو کی ڈبیاں، رانگ پیتل، کانسی اور جست کے گنوارو گہنے، شکم راڑ لو، گنڈلو، کاٹھ کی تپلیاں، کپڑے کے گڈھے گڑیاں، چینی کے چمنے چمنیاں، کڑے، چوڑیاں، انگوٹھیاں، غرض گنواروں، غریبوں کے ٹھاٹ اور عیش کی سب چیزیں بھری سلیقے سے سجی۔ گاہک ٹوٹے پڑتے ہیں نوکر مال دکھا رہے، مول تول پر جھگڑا ہے۔ دیا سلائیاں مھنگی ہوگئی

ہیں اس لئے چقماق کے پتھروں اور سوہن کی خوب
بکری ہورہی ہے سید علی مہاری سامان والے کے
ہاں خوب ملتا ہے ایک پیسے میں سنگ چقماق اور
چار پیسے میں سوہن اسی قطار میں عثماں خاں ٹھوگر
بھی دوکان کا کونہ لئے بیٹھے ہیں۔ شیخ امام کی
دوکان میں ولایتی کھوٹی چاندی کا سامان بہت
خوبصورت بنتا ہے جیسا جالیدار سامان جرمن سلور
اور الپا کا سلور کا اس شہر میں خوبصورت بنتا ہے
ہندوستان میں کہیں نہیں بنتا۔ طرح طرح کی جالیاں
کاٹتے ہیں۔ چنگیروں، ناگردان، اگالدان، خاصدان
پاندان، کشتیاں، ڈبیاں، جیبیاں بنتی ہیں جو بڑی
تحفہ ہوتی ہیں۔ گولی، بارود، بندوق تمنچے بھی
اسی بازار میں بکتے ہیں۔ اس کے مقابل کی قطار
میں بزازوں اور مہاروں کی دوکانیں ہیں بزاز زیادہ
تر مارواڑی ہیں تلنگے کم ہیں بمبئی کے میمن اور بوہرے

بھی کپڑے کی تجارت کرتے ہیں دیسی بدیسی سب طرح کا کپڑا یہاں بکتا ہے شام کے مشروع اورنگ آباد کے ہمرو، دمشقی مشجر، چینی اطلس، بنارسی ہمہ قسم کا زری کا کپڑا جو خود بنارس اور دلّی لکھنو میں نہ ملے یہاں خرید لیجئے یہی حال کشمیری اور ایرانی جامیواروں کا ہے لیکن اب ان کی مانگ نہیں رہی اس لئے اب کشمیر میں بننا موقوف ہوگیا۔ کچھ دنوں میں یہ صنعت بالکل معدوم ہو جائے گی اسی بازار کی ایک اور تحفہ چیز چوڑیاں ہیں جو دور دور سوغاتوں میں جاتی ہیں۔ ان منہاروں کی دوکانوں میں مٹھے پہ چڑھے جھم جھم کرتے جوڑے عجیب بہار دیکھاتے ہیں اور جوہریوں کی دُکانوں کو شرماتے ہیں ان میں سب سے بڑی دوکان حاجی شیخ بالے کی ہے اس دوکان میں آٹھ آنے کے جوڑے سے لیکر پچیس روپئے تک کا جوڑا

موجود ہے اور فرمائش پر دو سو روپئے تک کا جوڑا تیار کرتے ہیں ان کو نمائشوں میں تمغے بھی ملے ہیں۔ انھوں نے چوڑیوں کی وضع کے نیئے نام بھی گھڑے ہیں جیسے چل چل رے نوجوان، ہوائی جہاز، سمٹ کی سڑک، سلور جوبلی، ستّیا سونے کے کڑے والا نیا رام رڈھی پل، گلبہار، گل چمن وغیرہ۔ شیخ جہانگیر بابتّیا۔ بابتّیا قدیم کشٹیا۔ سونے کے کڑے والا لنگ متیا سونے کے کڑے والا کی دکانیں اس بازار میں گاہکوں سے بھری رہتی ہیں۔ شہری، قصباتی، گنوار، امیر، غریب سب ہی آکران دکانوں سے چوڑیاں خریدتے ہیں چوڑیوں کے ایک جوڑے میں آگے پیچھے ایک ایک گوٹ ہوتی ہے گوٹ کے برابر میں جواب جوابوں کے بیچ میں بچّے ہوتے ہیں یہ جوڑے تین قسم کے ہوتے ہیں۔ ایک مصالحہ کے جن میں سچے نگینے سچے موتی لگے ہوتے

ہیں یہ قیمتی ہوتے ہیں۔ دوسرے نگوں کے جو مصنوعی ہیرے کے کنولوں سے بنائے جاتے ہیں۔ تیسرے شیشے کی ٹکلیوں کے یہ وضع بنارس سے یہاں آئی ہے اور اس میں جدت کرکے خوب خوب بناتے ہیں۔ ان جوڑوں کی وضاعوں کے مختلف نام ہیں جیسے کندن، کنگن، برج، پھنس (کٹھل جس کو ہندوستان میں کہتے ہیں) پنولیا، بیل پتی، بھٹے کا جوڑا، کارچوبی، سرو، کٹوری، مول سری، ناخن، چاند تارا، چمکی، کبوتر آنکھ، گردہ، توڑہ، کھیرے، پھول پان، بیل سنپولا، جالی، لوزہ، تارا منڈل، خربوزے کا جال، مچھلی، کیری، ست پھولا، کوڑلا، چندن ہار، منڈوا، لپٹیا، مرغ سینہ، الٹی کٹوری، کنول، موتی، پان، نورتن، کشتی، تعویذ، ست پھلی، سپولا، خنجر، سنگھاڑا، انگریزی بیل، پتنگ کی گوٹ، سونا بائی کی گوٹ، گھڑیال کی گوٹ، بانک کی گوٹ اشرفی کی گوٹ حرفوں کی گوٹ

تارے کی گوٹ، بنارسی پاٹلا، سورج کا پھول، ست پھولی، بانک۔ بچے بھی مختلف وضع کے ہوتے ہیں۔ جیسے کوڑے کے بچے، منڈوے کے بچے، لپیٹے کے بچے، کھیرے کے بیج کے بچے۔ جوابوں کی وضع بھی مختلف ہوتی ہے۔ کٹوری کے جواب، گِروے کے جواب، چکی کے جواب۔ ٹھکاری کے بند، خشخشی، چپتی کٹوری، سیدھی کٹوری وغیرہ۔ اسی بازار میں جہاں بیٹے کی بری بازار میں کھڑی وہیں آخیردان کا بھی سب سامان ملتا ہے انجمنیں ہیں جو غسل، کفن، دفن سب کا انتظام کردیتی ہیں انھیں مصالحہ فروشوں کے ہاں جہاں سہاگنوں کے سہاگ پڑے اور کوکو ملتے ہیں وہیں ایک سیاہ سفوف جس سے مُردے کے سینے پر کلمہ لکھا جاتا ہے اور جس کو یہاں راندا کہتے ہیں ملتا ہے۔ اِسی بازار میں جُبنوں کے کارخانے بھی ہیں۔ مجبوب

چوک کے گھنٹہ گھر کے چاروں طرف کباڑ یئے، پرانے ہتیار، پرانی چیزیں لئے گدڑی لگائے بیٹھے رہتے ہیں۔ اس چوک کی مسجد بڑی عظیم الشان اور خوبصورت ہے بڑی اونچی کرسی دیکر بنائی گئی ہے جس کی وجہ سے چاروں طرف دکانیں نکل آئی ہیں۔ ان دکانوں میں قلعی گر، ٹھٹیرے، چھیپی، بڑڑ (جن کو ہندوستان میں ٹوکری والا کہتے ہیں) کباڑ یئے، نواڑ فروش، رنگساز، پرانے ہتیار اور پرانی بدری کے برتن بیچنے والے، کتب فروش رہتے ہیں۔ اگر آدمی اکثر آتا جاتا رہے تو قدیم نادر چیزیں اس کو مل جاتے ہیں۔ سیلانی، فرنگی اور (امریکی) اس چوک کا چکر ضرور لگاتے ہیں۔ اس مسجد کے وقف کی آمدنی معقول ہے۔ مسجد کا کتب خانہ بھی ہے اور ایک انجمن بھی ہے جو اردو کی کتابیں کبھی کبھار شائع کردیا کرتی ہے اس مسجد کے جانب

جنوب چڑی بازار ہے جہاں طرح طرح کے کبوتر جیسے شیرازی، لقا، گولے، نساورے، کابلی، ببر، خالدار، پھگلے، چوہا چندن، روشن، بصری، بغدادی، نامہ بر، بمنے، کھبیرے، چپ، پلکے، زرد بند، لال بند، جوگیا، جنگلے، سورج مکھی، لوٹن، یاہو، زاغلول، پامور، چوٹی وار وغیرہ بکتے ہیں۔ قسم قسم کی مرغیاں، راج ہنس، مندراج، چنیا بطخیں، پیرو، طوطے، مینا، نرگس، شین باز، لال، پدڑیاں نقل وغیرہ بکتی ہیں۔ شام کو ایک میلہ سا لگا رہتا ہے۔ لاڈ بازار کا نام محبوب چوک کے پاس سے کسار ہٹا ہو جاتا ہے اِس کی سڑک حسینی علم سے ہوتی ہوئی پرانے پل پر سے ہوکر کارروان سرائے سے گذر کر قلعہ گولکنڈہ تک چلی جاتی ہے۔ کسار ہٹے میں تانبے، پیتل کے برتنوں کی دوکانیں ہیں ان کی سجاوٹ دیوالی میں دیکھنے کے قابل ہوتی ہے۔ اللہ نے چاہا تو اب کے

افضل گنج کی مسجد سے آپ کو سیر کراتے ہوئے یوسف بازار' پتھر گٹی' گلزار حوض یا (چارسوق کا حوض جسے عوام سوکھا حوض کہتے ہیں) ساہو کارہ یا ٹکسال سے لیجاکر چار مینار کے نیچے کھڑا کردیں گے ۔ اللہ حافظ ۔

انگلستان کا سفر

مجھے یورپ جانے کا بہت شوق تھا۔ بچپن میں اکثر خواب دیکھا کرتا تھا کہ لندن، پیرس اور برلن کی سڑکوں پر گھوم رہا ہوں۔ بات اصل میں یہ ہے کہ خاندان کے اکثر نوجوان یورپ سے تعلیم پا کر آئے تھے۔ ان کی آزاد خیالیاں، رنگین زندگیاں، پر لطف باتیں اور شہر میں ان کی عزت و ٹھاٹھ رہ رہ کر میرے دل میں یہ خواہش پیدا کرتے تھے کہ کاش پر ہوں تو اڑ کر یورپ پہنچ جاؤں اور تمام علم جو انھوں نے حاصل کیا میں بھی حاصل کروں، مجھے بھی واپسی پر بڑی خدمت ملے، بھاری تنخواہ ہو تا کہ اپنے پرائے آؤ بھگت کریں۔

دن گزرتے گئے۔ میرے ہم عمروں میں سے کئی جان پہچان والے یکے بعد دیگرے خوشی خوشی یورپ تعلیم حاصل کرنے روانہ ہوے لیکن میری باری آتی نظر نہ آئی۔ یورپ جانے کی دھن ایسی سمائی تھی کہ میں نے اسی ارمان کو پورا کرنے کی خاطر تعلیمی سند حاصل کی اور جب محکمۂ تعلیمات میں ملازم ہوگیا تو امید اور بھی بڑھ گئی کیونکہ نصف تنخواہ پرچھٹی حاصل کرنے کا امکان پیدا ہوا۔ یورپ میں تعلیمی اخراجات کو برداشت کرسکنے کے لئے میں نے ابتدائی ملازمت ہی سے پس انداز کرنا شروع کیا۔

اللہ اللہ کرکے وہ دن آیا کہ تمام مرحلے طے ہوئے اور میں بمبئی روانہ ہوا۔ چند دوست بمبئی تک پہنچانے آرہے تھے۔ ہر چند ان کی ضرورت نہ تھی اور میری خاطر یہ صرفہ بہت غیر ضروری معلوم ہو رہا تھا مگر میں خاموش ہوگیا۔ اتنے دوست

کھوئے تھے کہ ہمت نہ ہوئی کہ جو رہ گئے ہیں ان کو ذرا بھی ناراض کروں۔

بمبئی سے جہاز روانہ ہوا تھوڑی دیر میں ساحل پر کھڑے ہوئے دوست آنکھوں سے اوجھل ہونے لگے۔ کچھ عرصہ میں بمبئی بھی نظروں سے غائب ہونے لگا اور سمندر پر سفر کرنے کا مزا آنے لگا۔ ہرطرف پانی ہی پانی تھا ہنستے بولتے، کھاتے پیتے، کھیلتے سوتے دن بیتنے لگے۔

جہاز پہلے عدن پر ٹھہرا۔ یہ ایک ریگستانی اور پہاڑی ملک ہے۔ عرب آباد ہیں۔ پانی مشکل سے ملتا ہے لہذا پہاڑوں کو کاٹ کر کنویں بنائے گئے ہیں۔ مغلئی کھانا کھانے میں لطف آتا ہے کیونکہ عدن کے عام ہوٹلوں میں ٹھیٹ مغلئی طریقہ پر کھانا کھلایا جاتا ہے۔

اِس کے بعد جہاز سعید بندر پر ٹھیرا۔ یہ مصر کا

بین الاقوامی بندرگاہ ہے ۔ مشرقی تہذیب آہستہ آہستہ مٹتی جاتی ہے اور اس کی جگہ مغربیت لے رہی ہے ۔ مصری نوجوانوں کو اپنے پر بھروسہ ہے اور وہ قومیت کے جذبہ سے سرشار نظر آتے ہیں راستے صاف ستھرے ہیں اور رسٹراں میں کھانا کھانے کے لئے کافی پیسہ خرچ کرنا پڑتا ہے۔ یہاں کی آبادی موّاج ہے یعنی بندرگاہ ہونے کے سبب سے مسافر آتے جاتے رہتے ہیں لوگوں کو روپیہ کمانے اور مالدار بننے کی دھن ہے ۔ غرض یہ کہ روحانیت جو مصریوں کی زندگی میں نمایاں تھی اب رفتہ رفتہ غائب ہوتی جاتی ہے اور اس کی جگہ مادیت لے رہی ہے ۔ پردہ بھی بتدریج اُٹھ رہا ہے ۔

بندرگاہ سعید کے بعد جہاز نے نیپلز میں لنگر ڈالا ۔ نیپلز اٹلی کا ایک بہت خوبصورت بندرگاہ

ہے۔ آبادی پہاڑی پر ہے اور دامن میں سمندر موجیں مارتا ہے۔ پہاڑی کی چوٹی سے شہر کا منظر بہت ہی بھلا لگتا ہے۔ ہر طرف سفید مکان اور ہرے بھرے درخت نظر آتے ہیں۔ نیپلز میں اٹلی کے مشہور و معروف مصوروں کی تصویریں اور اعلیٰ درجے کے سنگ تراشوں کے مجسمے تصویر گھروں اور عجائب خانوں میں سلیقے اور ترتیب سے رکھے گئے ہیں۔ واقعی یہ تصویریں اور مجسمے بہت ہی عمدہ ہیں۔ جن کیفیتوں اور جذبوں کی ترجمانی کے لئے وہ بنائے گئے ہیں وہی جذبات دیکھنے والوں کے دل میں پیدا ہوتے ہیں۔ دیکھنے والا بت تراشی کے ان شہکاروں کو دیکھ کر دنگ ہو جاتا ہے۔ کسی مجسمے میں ایک غمگین عورت کو دکھایا گیا ہے۔ جو سر نہوڑ لے بیٹھی ہے، کسی میں ایک مرد کا نورانی چہرہ نظر آتا ہے، کسی میں ایک عورت کو پیش کیا گیا ہے

جو ہنسی خوشی اپنے بچے کو گود میں لٹائے پیار سے دیکھ رہی ہے۔ نیپلز کے عجائب گھر کا سلیقہ میرے دل پر یورپی تہذیب کا پہلا اثر تھا۔ رہ رہ کر خیال آتا تھا کہ ہمارے ملک میں بھی کیسی کیسی لاجواب تصویریں اور دیکھنے کے قابل چیزیں اب بھی باقی ہیں جو رئیسوں کے گوداموں میں اور مالداروں کی کوٹھیوں میں بے ترتیبی سے پڑی ہیں!!

نیپلز کے قریب ہی پامپئی کے کھنڈر ہیں۔ پامپئی رومیوں نے آباد کیا تھا۔ دو ہزار سال قبل اس شہر میں زیادہ تر امیر و رئیس بستے تھے، عیش و عشرت کی تمام چیزیں مہیا تھیں، رنگ رلیوں کا بازار گرم تھا ایک دن ''ویسو وی اس'' نامی آتش فشاں پہاڑ پھٹا۔ لاوے کا گرم سمندر بے پناہ طور پر جاری ہوا پورا شہر بھسم ہوگیا۔ برسوں کسی کو پتہ نہیں چلا کہ یہاں کوئی شہر آباد تھا یا نہیں۔ مدّتیں گذرنے کے بعد

اس کا کھوج نکالا گیا اور اب اس آثار قدیمہ کو دیکھنے لاکھوں لوگ ہر سال جاتے ہیں اور انسان کی فرعونیت اور قدرت کے کرشموں سے عبرت حاصل کرتے ہیں۔

نیپلز سے جنیوا اور جنیوا سے پیرس ریل میں سفر کیا جاتا ہے۔ سوئٹزرلینڈ کی ریلیں ہماری ریل گاڑیوں سے مختلف ہوتی ہیں۔ اول تو وہاں تقریباً سب ریل گاڑیاں بجلی سے چلتی ہیں لہذا کوئلہ اُڑ اُڑ کر آنکھوں میں نہیں گرتا اور نہ تمام کپڑے اور اسباب سیاہ ہوتے ہیں۔ دوسرے یہ کہ بجلی سے چلنے کی وجہ سے وہ تیز رفتار ہوتی ہیں۔ پھر گھنٹوں ایک اسٹیشن پر بلا ضرورت ٹھیری کھڑی نہیں رہتیں۔ بار بار گھنٹیاں مسافروں کو بیدار کرنے کے لئے نہیں بجائی جاتیں۔ پولیس والے مسافروں سے دھینگا مشتی کرتے نہیں دکھائی دیتے۔ مسافروں کی ریل

پیل نہیں ہوتی ۔ ایک پر ایک نہیں گرتے اور درجہ
میں گالی گلوچ نہیں ہوتی ۔ ایک ڈبہ میں عموماً آٹھ آدمی
بیٹھتے ہیں ۔ تمام ریل گاڑی مین ایک گیلری ہوتی ہے
آدمی گیلری میں چلتا ہوا گارڈ کے ڈبہ سے انجن تک
چہل قدمی کر سکتا ہے اور دیکھ سکتا ہے کہ اس کے
بیٹھنے کی گنجایش ہے یا نہیں ورنہ تھوڑی دیر گیلری
میں انتظار کرتا ہے اور جگہ خالی ہو جانے پر بیٹھ
جاتا ہے ۔ ڈبہ میں کسی کو پیر پھیلا کر سونے کی اجازت
نہیں اگر ایسا ہی آرام کرنے کا شوق ہو تو سونے
کے ڈبے علیحدہ ہوتے ہیں ۔ کچھ صرفہ ضرور آتا ہے
وہاں جاکر سو سکتے ہیں ۔ غرض یہ کہ ہندوستان کی
ریل گاڑیوں کی طرح اُن میں جانور کی طرح مسافر
ٹھونس نہیں دیئے جاتے ۔ ہر گاڑی میں کھانا
کھانے کے ڈبے ہوتے ہیں بھوک لگی ہو تو شوق
سے اِن ڈبوں میں جاکر کھانا کھا سکتے ہیں ۔ ہر ڈبہ

میں منہ ہاتھ دھونے کا سامان فراہم کیا جاتا ہے۔ راستہ بھی ویران نہیں بلکہ ہر طرف سبزہ ہی سبزہ نظر آتا ہے۔ اکثر سرنگوں میں سے ریل گاڑی گزرتی ہے اور بعض سرنگیں کافی بڑی ہیں۔ ایک ملک سے دوسرے ملک جاتے وقت سرحد پر اجازت ناموں کی چھان بین ہوتی ہے اور نئی چیزوں پر محصول لیا جاتا ہے۔

پیرس "سین" نامی دریا کے دونوں جانب آباد ہے۔ دنیا کا سب سے زیادہ خوبصورت شہر تصور کیا جاتا ہے۔ لاکھوں لوگ ہر سال پیرس تفریح کے لئے آتے ہیں اور اپنی دولت خرچ کرکے چلے جاتے ہیں۔ پیرس کی زندگی گراں بھی ہے اور سستی بھی۔ یوں سمجھنا چاہیئے کہ شہر کا ایک حصّہ امیروں کے لئے اور دوسرا غریبوں کے لئے ہے۔ لوزکا عجائب خانہ آرٹ کے ان گنت

شہکاروں سے سجایا گیا ہے۔ قومی کتب خانہ مطبوعہ اور قلمی کتابوں سے بھرا پڑا ہے۔ "ایفل ٹاور" پیرس میں ایک لوہے کا بہت بلند مینارہ ہے اس مینارہ پر جھولے کے ذریعہ جاتے ہیں جو بجلی سے چڑھتا اُترتا ہے۔

"نپولین" کی قبر ساری قوم کے لئے مثل مندر کے ہے۔ ایک خاص قسم کی روشنی جو سورج کی روشنی سے مشابہ ہے ہر وقت اس قبر پر پڑتی رہتی ہے شاہانہ دبدبہ اور شان قبر سے نمایاں ہے۔

"لور" محل کے قریب "تیو لریز" کا باغ — پیرس کا باغ عام ہے۔ ہزاروں آدمی اور عورتیں، بچے اور بوڑھے ہر روز اس باغ میں دکھائی دیتے ہیں بینڈ بجتا ہے اور طرح طرح کے کھیل تماشے ہوتے رہتے ہیں۔ "شانزالیزے" پیرس کی مشہور سڑک ہے جس کے دونوں طرف دور تک خوشنما باغ لگے ہیں

"آپرا" حکومت کی خاص تھیٹر ہے۔ یہ کئی منزلہ نہایت خوبصورت اور عالیشان عمارت ہے "لیڈو" یہاں کا مشہور نائیٹ کلب ہے۔ رات بھر اس کلب میں عیش کی محفل گرم رہتی ہے۔ پیرس میں ہوٹل، رسٹورن، شراب خانے اور ناچ گھر ہر طرف نظر آتے ہیں۔

پیرس باغوں اور پارکوں کا شہر ہے۔ ہر طرف فوارے چھوٹتے ہیں۔ راستے صاف ستھرے اور کشادہ ہیں اور فٹ پاتھ بھی کافی وسیع ہے۔ عموماً فٹ پاتھ پر شام سے لوگ شراب پینے اور کافی و چاء نوشی وغیرہ کے لئے کرسیوں پر بیٹھے نظر آتے ہیں۔ باہر سے جو لوگ پیرس آتے ہیں اُن کی تفریح طبع کے لئے بہت سے سامان مہیا کئے گئے ہیں۔ غرض یہ کہ ہر ممکن طریقے سے مسافروں سے آمدنی حاصل کرنے کا انتظام ہے۔ پیرس کی

عورتیں نفاست پسند اور فیشن کی دلدادہ ہوتی ہیں
سال بھر میں کئی کئی فیشن بدلے جاتے ہیں۔ پیرس
صبح کے وقت سونا نظر آتا ہے۔ شام ہوتے
ہی زندگی کے آثار پیدا ہوتے ہیں اور آدھی
رات گئے رات دن کا سماں پیش کرتی ہے۔
سارا شہر بجلی کی روشنی سے جگمگ جگمگ کرتا ہے۔
ہم لوگ پیرس ایک ہفتہ کے لئے گئے تھے
لیکن ہم میں سے ایک بزرگ کو پیرس ایسا
بھایا کہ ایک مہینہ تک نہ خود ہلے نہ اپنے یار
دوستوں کو جانے دیا۔ نتیجہ یہ ہوا کہ انھوں نے
پیرس روتے ہوئے اس وقت چھوڑا جب سکہ
جیب میں ایک پیسہ باقی نہیں رہا تھا۔ اہل دل
یہاں ہنستے آتے ہیں روتے جاتے ہیں اور جانے
کے بعد بھی برسوں پیرس کی یاد ستایا کرتی ہے۔
پیرس کی سیر کے لئے کافی دولت ہو، فرصت ہو

اور اطمینانِ قلب ہو تو واقعی زمین پر جنت کا نقشہ نظروں کے سامنے پھر جاتا ہے اور وہ چیزیں دیکھنے میں آتی ہیں کہ شاید خواب میں بھی نظر نہ آئیں۔

پیرس سے انگلستان جانے کے لئے تھوڑی دیر ریل میں سفر کرنا پڑتا ہے اور تھوڑی دیر جہاز میں۔ فرانس سے نکلنے کے بعد چند گھنٹوں میں جہاز انگلستان کے ساحل پر لنگر انداز ہو جاتا ہے۔ وہاں ریل گاڑی تیار ملتی ہے جو لندن کے وکٹوریہ یا واٹرلی اسٹیشن پر پہونچا دیتی ہے۔

لندن بہت بڑا شہر ہے۔ یہاں کی آبادی بعض کہتے ہیں کہ دنیا کے تمام شہروں سے زیادہ ہے اور بعض کا خیال ہے کہ "نیو یارک" کے بعد دوسرے نمبر پر ہے غرض یہ کہ شہر میلوں پھیلا ہوا ہے۔ لیکن عمارتیں وسط شہر میں تقریبًا ایک سی ہیں اور زیادہ تر کالے پتھر کی دو منزلہ اور تین منزلہ ہیں لہٰذا

ایکطرح کی عمارتیں دیکھتے دیکھتے طبیعت اکتا جاتی ہے
لندن کا بازار عموماً چھ بجے بند ہو جاتا ہے اور
خریدوفروخت رات کو نہیں ہو سکتی لیکن دُکانوں میں
چیزیں نہایت سلیقہ سے سجائی جاتی ہیں اور باہر
بڑے بڑے آئینے اس طرح لگے رہتے ہیں کہ اندر
کی تمام چیزیں بخوبی دکھائی دیتی ہیں۔ سجاوٹ اس
قدر حسن کارانہ طریقہ سے کی جاتی ہے کہ چلتا ہوا
آدمی خواہ مخواہ رک کر دیکھتا ہے اور اکثر دیکھا گیا
ہے کہ بعض لوگ خصوصاً نوجوان لڑکیاں دیر تک
ان چیزوں کو حسرت سے دیکھتی رہتی ہیں۔ بجلی
کی روشنی ان بند دُکانوں میں تقریباً رات بھر جلتی
رہتی ہے اور یہ منجملہ اور طریقوں کے مال کے
اشتہار کا ایک ذریعہ ہے۔ لوگوں کو جو چیزیں رات
کو پسند آتی ہیں صبح ہوتے ہی اگر خود خرید سکتے ہیں
تو خرید لیتے ہیں ورنہ دوسروں سے ذکر کرتے ہیں۔

ہر دوکان میں مال بیچنے کے لئے نوجوان اور جوان عورتیں ملازم رکھی جاتیں ہیں۔ لندن میں شاید ہی کوئی دوکان ایسی ہو جس میں لڑکیاں کام کرتی نہ دکھائی دیں۔ بعض دکانوں پر تو درجنوں ایک سے ایک حسین لڑکیاں خاص قسم کی وردی پہنے ہوئے مختلف اشیاء فروخت کرتی ہیں۔

دوکان میں ضرورت کی ہر چیز ایک آنہ یا دو آنہ میں مل سکتی ہے۔ یہاں ہر وقت میلہ سا لگا رہتا ہے اور ہزاروں آدمی روز سودا خرید تے نظر آتے ہیں۔ سودا بیچنے والی لڑکیاں حسین، خوش وضع، ہنس مکھ اور خلیق ہوتی ہیں اور بعض منچلے حضرات بغیر ضرورت بھی بہت سی چیزیں ان ہی کی خاطر خرید تے ہیں۔

"لائینس" کے بڑے اور چھوٹے چائے خانے تمام شہر میں پھیلے ہوئے ہیں تقریبًا ہر کونے میں ایک

لائنس کا رسٹورن موجود ہے۔ یہاں صبح کا ناشتہ دوپہر اور رات کا کھانا اور شام کی چائے نہایت سستے داموں ملتی ہے نہایت نفاست اور پاکیزگی سے ہر چیز پیش کی جاتی ہے ان مقاموں پر بھی لڑکیاں کام کرنے پر مامور ہیں جو کٹ پتلی کی طرح اپنا فرض بجا لاتی ہیں۔ بینڈ بجتا رہتا ہے اکثر ناچ گانا بھی ہوتا ہے۔ جو زیادہ امیر نہیں ہیں چاء یا کافی کی ایک پیالی لے کر بیٹھ جاتے ہیں اور اس فردوس نگاہ نظارے سے لطف اندوز ہوتے ہیں۔ دن بھر کے کام کاج کے بعد تکان دور کرنے کے لئے یہ بہترین مقام ہیں۔ لیکن مجھے تو اِن رسٹوروں اور ہوٹلوں میں کھانا کھانے کا کوئی مزہ نہیں آیا کیونکہ ہمارا پیٹ تو اس وقت تک نہیں بھرتا جب تک ہر طرف سے پچیاؤں میاؤں نہ ہو۔ بھلا وہ بھی کیا چار خانہ جس میں

قبرستان جیسی خاموشی چھائی ہو۔ کھانا تو جب ہی ہضم ہوتا ہے کہ گلا پھاڑ پھاڑ کر کہیں کہ چپاتی لاؤ! خشکہ کی ایک پلیٹ اور دو! میٹھے میں چیونٹیاں لگی ہوئی، ہیں اس کو لے جاؤ۔ اور پھر لطف تو اس میں آتا ہے کہ آپ چیختے رہیں، آواز پھٹ جائے، خشک حلق کو تر کرنے کے لئے پانی پر پانی پئیں اور پھر چیخیں۔ اور شور و غوغے میں کچھ سنائی نہ دے اور اگر سنائی بھی دے تو جان بوجھ کر سنی ان سنی کردیں۔ رہا صفائی کا خیال۔ سچ تو یہ ہے کہ رسٹورنٹ یا ہوٹل کے مالک کھانے کے دام لیتے ہیں۔ بلدیہ تو ہے نہیں کہ صفائی اس کا فرض ہو اور نہ اس نے حفظ صحت کا ٹھیکہ لے رکھا ہے پھر بھلا یہ دردسری کیوں؟

لندن میں کئی مشہور کتب خانہ ہیں لیکن سب سے زیادہ مشہور کتب خانہ برٹش میوزیم ہے کئی لاکھ کتابیں ہیں وقتاً و قتاً ان میں کئی

سو آدمی یہاں پڑھتے لکھتے رہتے ہیں لیکن کوئی آواز سنائی نہیں دیتی۔ زیادہ سے زیادہ دس منٹ میں جو کتاب طلب کی جائے فراہم کردی جاتی ہے میز، کرسی، قلم، دوات ہر ایک کے لئے فراہم کیا جاتا ہے۔

برٹش میوزیم لندن کا مشہور عجائب خانہ تین منزلوں کی عالیشان عمارت ہے۔ دنیا کے کئی بہترین شاہکار یہاں جمع کئے گئے ہیں۔

ایک عجائب خانہ بڑا پُر لطف ہے جس کا نام "میڈم ٹو ساڈ" ہے۔ وہاں بڑے بڑے آدمیوں کے موم سے بنے ہوئے مجسمے رکھے ہوے ہیں، یہ معلوم ہوتا ہے کہ مجسمے بولے اٹھتے ہیں۔ یہ مقام دیکھنے سے تعلق رکھتا ہے۔

لندن کا "زو" یعنے جانور خانہ بھی دیکھنے کے قابل ہے ملک ملک اور بھانت بھانت کے درندے

پرندے جمع کئے گئے ہیں اور حتی الامکان ان کے زندہ رہنے کے لئے وہی سہولتیں فراہم کی گئی ہیں جو اُن کو اپنے ملک میں مل سکتی تھیں۔ یہاں کے بندر خاص طور پر تربیت یافتہ ہیں وہ کرسی، میز پر چھری کانٹے سے نہایت سلیقے سے اپنے اپنے مقام پر بیٹھ کر کھانا کھاتے ہیں، ساز بجاتے، ناچتے اور ڈرل کرتے ہیں۔

لندن میں ہائیڈ پارک مشہور مقام ہے۔ یہاں ہر طرف گل گشت کرنے والے جوڑے اور پارٹیاں نظر آتی ہیں، رنگ برنگ کے لباس، طرح طرح کے فیشن، عجیب عجیب لوگ دکھائی دیتے ہیں۔ گھنی تاریک جھاڑیوں کے نیچے محبت کے نشہ میں سرشار سرگوشیاں کرتے نظر آتے ہیں۔ اپنا اپنا جھنڈا بلند کئے، مختلف مکتب خیال کے لوگ گرما گرم تقریریں ٹھونکتے رہتے ہیں اور آزاد خیالی کا یہ عالم

ہے کہ حکومت، سماج اور مذہب کی دن دھاڑے اور تاریکی میں دھجیاں اڑائی جاتی ہیں۔

کیو گارڈن مشہور باغ ہے جہاں موسم بہار میں چاروں طرف پھول آنکھوں کو طراوت، دل کو مسرت اور دماغ کو تازگی بخشتے ہیں۔ گل گشت کرنے والے نوجوانوں کے دھڑکتے دل صاف پتہ دیتے ہیں کہ جوانی اور امنگوں کی زندگی میں اُنھوں نے حال حال میں قدم رکھا ہے اور ان کی واحد حسرت یہی ہے کہ زندگی کی مسرتوں سے جو حاصل کرسکیں حاصل کرلیں۔ یہاں بوڑھے بھی جوان نظر آتے ہیں۔

لندن کے سینما تقریباً دو بجے دن سے شروع ہوجاتے ہیں اور برابر بغیر وقفے کے ہوتے رہتے ہیں لیکن لوگ کھیل دیکھنے کے بعد خود نکل جاتے ہیں بلا وجہ بیٹھے رہ کر ایک ہی کھیل کو بار بار نہیں دیکھتے۔

تھیٹر عالیشان اور دو منزلہ تین منزلہ ہوتے ہیں ایک کھیل مہینوں چلتا ہے پھر بھی ہفتوں پہلے اپنی جگہ محفوظ کرا لینے کی ضرورت پڑتی ہے۔

اداکار اپنے فن کے استاد ہوتے ہیں اور جذبات کی نہایت اچھی نقالی کرتے ہیں۔ لباس، ساماں، ماحول اداکاری کوئی چیز مصنوعی نہیں معلوم ہوتی۔

"کابرے" اکثر ڈانس ہال یا ناچ گھروں میں ہوتے ہیں۔ حسین ترین اور سڈول ترین لڑکیاں کبھی اکیلی اور کبھی مردوں کے ساتھ ناچ، گانے اور جسمانی ورزش کے مظاہرے کرتی ہیں۔ بڑے بڑے کابرے کے مظاہرے واقعی قابل تعریف ہوتے ہیں اور انسان گھنٹوں حیرت سے دیکھتا رہتا ہے کہ انسان اپنے کمال کو چمکانا چاہے تو کیا نہیں کرسکتا۔ معمولی کابروں میں اجنبی آدمی کو ذرا ہوشیار رہنا چاہیئے ورنہ اکثر لٹ جاتا ہے کیونکہ یہاں

شاطر حضرات کا جمگھٹا رہتا ہے اور وہ طرح طرح کی ترکیبوں سے بھولے بھالے آدمی کو مونڈھنے کی فکر میں رہتے ہیں۔ یہاں لڑکیاں دیکھنے میں بھولی بھالی ہوتی ہیں یہ معلوم ہوتا ہے کہ کچھ جانتی ہی نہیں لیکن حقیقت میں آفت کی پرکالہ ہوتی ہیں ایسا جال بچھاتی ہیں کہ الٰہی توبہ۔ جو ہنسا وہ پھنسا اور جو پھنسا وہ مرا۔ ان مقاموں پر جیب کترے بھی ہوتے ہیں جو اپنی کارستانیوں سے لوگوں کو لوٹتے ہیں

لندن کا موسم ہم ہندستانیوں کے لئے بڑا تکلیف دہ ہے۔ اول تو سردی کی شدت کی وجہ سے بے قراری رہتی ہے اگر بغیر کافی کپڑے پہنے ہوے باہر نکل کھڑے ہوں تو بعض وقت ہوا تیر کا کام کرتی ہے۔ خراب تندرستی کے لوگوں کو اکثر تپ دق ہوجاتا ہے اور جان کے لالے پڑ جاتے ہیں۔ سال بھر میں تقریباً نو مہینے بارش ہوتی رہتی ہے لیکن غنیمت

یہ ہے کہ موسلا دھار بارش نہیں ہوتی بلکہ پھوار پڑتی رہتی ہے پھر بھی ہر وقت پانی پڑتے، چلتے پھرتے اور کام کاج کرتے رہنا کچھ عجیب سی بات ہے۔ پھر جب برف پڑتا ہے تو مکان، درخت، سڑکیں برف سے ڈھک جاتی ہیں لیکن آمد و رفت بند نہیں ہوتی اور زندگی کی چہل پہل بر قرار رہتی ہے کہرہ جاڑے کے موسم میں تقریباً روز پڑتا ہے۔ دن ہی سے اندھیرا ہو جاتا ہے اور بعض وقت تو کہرے کا ایسا طوفان آتا ہے کہ ہاتھ کو ہاتھ نہیں سوجھتا۔ ایک مرتبہ بڑا لطف آیا کہرے کا طوفان آیا ہم لوگ نفسیات پڑھ رہے تھے، تمام روشنی بجھ گئی، گھپ اندھیرا ہوگیا، پاس کا لڑکا دکھائی نہ دیتا تھا، لیکن نفسیات کا پروفیسر ایک سکنڈ کو نہیں رکا اور اپنا لکچر اس اندھیرے اور طوفان میں دیتا رہا۔ جماعت میں لڑکے لڑکیاں کم سے کم سو ہوں گے لیکن کسی نے چوں نہیں کی۔

اس کو کہتے ہیں قوم کا ضبط اور مستقل مزاجی۔

انگلستان کے ذرائع آمد و رفت کئی ہیں۔ ہوائی جہاز کے ذریعہ آمد و رفت عام ہوتی جارہی ہے۔ مال دار اور حاکم اکثر وقت بچانے کے لئے ہوائی سفر کرتے ہیں۔

شہر میں ٹیکسیاں چلتی ہیں۔ اس کے علاوہ ٹرام گاڑیاں چلتی ہیں۔ بڑی بڑی بسیں جو دو منزلہ ہوتی ہیں ہر پانچ منٹ پر چلتی رہتی ہیں۔ لوگ بس میں بیٹھنے کے لئے ایک پر ایک نہیں کودتے بلکہ اپنا نمبر آنے پر آسانی سے بیٹھ جاتے ہیں ورنہ دوسرے بس کا انتظار کرتے ہیں۔ نمبر سے اپنی جگہ لینے کو "کیو سسٹم" کہتے ہیں۔ ٹپہ خانے، تار گھر، ٹکٹ گھر ہر جگہ جو آتا ہے قطار میں سب سے آخر میں کھڑا ہوتا ہے اور اپنی باری آنے پر مطلوبہ چیز خریدتا ہے۔ اسی کو "کیو" کہتے ہیں۔ "کیو"

یعنے قطار بندی یورپ کی تہذیب و شائستگی کی عام اور قابل تقلید خصوصیت ہے۔ بعض وقت سینما یا تھیٹر وغیرہ میں جانے کے لئے لوگ گھنٹوں برف میں لائن سے کھڑے ہوتے ہیں۔ مجال نہیں کہ ایک دوسرے سے بڑھ جائے امیر ہوں یا غریب، جوان ہوں یا بوڑھے، عورت ہوں یا مرد صبر سے اپنے نمبر کا انتظار کرتے ہیں اور کبھی نہیں دیکھا گیا کہ ایک دوسرے کو دھکا دے کر آگے بڑھ جائیں اور ٹکٹ خریدنے یا اندر گھسنے کی کوشش کریں۔ یورپ میں کہیں جائے چھوٹا شہر ہو یا بڑا یہی ضبط اور ڈسپلین نظر آتا ہے۔

بسوں کے علاوہ زمین کے اوپر اور زمین کے نیچے چلنے والی ریل گاڑیاں ہیں جو وقفے وقفے سے چلتی رہتی ہیں۔ سب سے زیادہ دلچسپ اور حیرت انگیز

زمین کے اندر چلنے والی ریل گاڑیاں ہیں جو ٹیوب، سب وے، انڈر گراونڈ، مختلف ناموں سے پکاری جاتی ہیں۔ لندن میں ٹیوب میلوں زمین کے نیچے چلتی ہیں ہر پانچ منٹ میں ٹیوب آتی جاتی ہیں۔ یہ بجلی سے چلنے والی تیز رفتار گاڑیاں ہیں۔ زمین کے نیچے اسٹیشن بنائے گئے ہیں جا بجا خود بیچنے والی مشین لگی ہوئی ہیں ان میں مقررہ رقم ڈالنے سے جو چیز خریدنا چاہو خود بخود نکل آتی ہے۔ یہ ٹیوب دریائے ٹیمز کے نیچے بھی چلتی ہے اور کمال یہ ہے کہ معلوم بھی نہیں ہوتا کہ پانی کے نیچے سے ریل چل رہی ہے۔ بعض ٹیوب زمین کے بہت نیچے ہوتی ہیں لہذا مسافروں کے آنے جانے کے لئے بجلی کے جھولے ہیں جن کو "لفٹ" کہتے ہیں جو بجلی سے چلتے ہیں منزل منزل پر وہ مسافروں کو اتارتے جاتے ہیں۔ سب سے

زیادہ تعجب خیز بجلی سے چلنے والی سیڑھیاں ہیں یہ خود بخود ہر وقت نیچے اوپر بھاگتی رہتی ہیں اور منٹوں میں مسافروں کو چڑھا اوتار دیتی ہیں۔ پہلے پہل جب میرے ایک دوست اس سیڑھی سے نیچے جانے لگے تو بہت ڈرے اور ان کے دل میں خیال پیدا ہوا کہ کہیں ایسا نہ ہو کہ آخری سیڑھی کے ساتھ میں بھی زمین میں سما جاؤں لہذا زمیں پر اترنے کے لئے ابھی دو تین سیڑھیاں باقی تھیں کہ یہ عقل کے پورے چھلانگ مار کر کود پڑے نتیجہ یہ ہوا کہ دھڑام سے ایک طرف جا گرے خیریت یہ ہوئی کہ چوٹ زیادہ نہیں لگی ابھی یہ اپنے کپڑے جھاڑ ہی رہے تھے کہ ایک نوجوان لڑکی نے مسکراتے ہوئے اُن کی ٹوپی اُٹھا کر دی اور شوخی سے پوچھا کہ زیادہ چوٹ تو نہیں آئی؟ ان کا کہنا ہے خدا معلوم جھوٹ کہ سچ کہ یورپ ہے

آئے زمانہ گذر گیا۔ بہت کچھ بھول رہا ہوں لیکن اپنی محسنہ کی آنکھوں کی شوخی، شرارت آمیز مسکراہٹ اور شرمندہ کر دینے والی مزاج پرسی کبھی نہیں بھول سکتا۔ بعض ادائیں دل میں ایسی کھب جاتی ہیں کہ جیتے جی ان کی یاد ستایا کرتی ہے بعد میں دیکھنے سننے والوں کو ان کا صحیح اندازہ نہیں ہو سکتا۔

غرض لندن علم و ادب کا گہوارہ اور دولت کا سرچشمہ ہے۔ یہاں بڑے بڑے حاکم اور عالم، ہنرمند اور قابل لوگ رہتے ہیں۔ عیش و عشرت کے اڈے بھی ہیں، بیسویں صدی کی تمام ترقی یافتہ میکانی سہولتیں موجود ہیں۔

ٹپہ

آج حیدر آباد سے دہلی تیسرے روز اور بمبئی دوسرے روز خط پہونچ جاتا ہے حالانکہ دہلی حیدر آباد سے تقریباً ایک ہزار میل اور بمبئی پانچسو میل دور ہے۔ راس کماری سے لے کر شمالی ہند کے کسی حصہ تک خط بھیجنا چاہیں آسانی سے بھیج سکتے ہیں اور اس آسانی کے باوجود کارڈ تین پیسہ میں اور لفافہ ایک آنہ میں ہندستان کے ہر حصہ میں جا سکتا ہے۔ یہ سب محکمہ ڈاک کے اچھے انتظام کی بدولت ہے' پرانے زمانہ میں جب اس قسم کے ٹپے خانے موجود نہ تھے اس وقت خط بھیجنے کا سوال بڑا ٹیڑھا ہوتا تھا' بس ایک ہی ذریعہ

تھا کہ کسی آتے جاتے شخص کو خط دے دیا اور وہ جب بھی ہفتوں یا مہینوں میں اپنی منزل مقصود پر پہونچا اور اگر اس کو یاد رہا اور خط بھی محفوظ رہا تو اس نے خط پہونچا دیا۔ ورنہ اللہ اللہ خیر صلاّ۔ اپنے ذاتی صرفہ سے خط بھیجنا تو ممکن ہی نہ تھا، صرف بادشاہوں، گورنروں یا ایسے ہی دوسرے بڑے آدمیوں کی ڈاک کا انتظام ہوتا تھا، پکی سڑکوں پر جا بجا منزلیں بنی ہوتی تھیں، جہاں اچھے اور تیز رفتار گھوڑے رہتے تھے۔ ہرکارے گھوڑوں پر سوار ڈاک لے کر چلتے تھے اور منزلوں پر گھوڑے بدلتے تب بھی کہیں دور دراز کے مقاموں پر ہفتہ ڈیڑھ ہفتہ میں پہنچتے تھے، مگر یہ انتظام صرف پکی سڑکوں پر ہوتا تھا۔ بارش کے زمانہ میں ندی اور نالوں کی وجہ سے اکثر دفعہ یہ راستے ہی کئی کئی دن کے لئے بند ہو جاتے تھے۔

اب سارے ملک میں ٹپہ خانوں کا ایک جال سا بچھا ہوا ہے۔ جگہ جگہ سڑکوں، گلیوں اور کوچوں میں خط ڈالنے کے لئے ڈبے لگے ہوئے ہیں، لوگ چلتے پھرتے ان میں خط ڈال دیتے ہیں۔ مقررہ وقت پر ان کو کھولا جاتا ہے اور سب خط ٹپہ خانہ میں لائے جاتے ہیں۔ وہاں ان پر مہر لگائی جاتی ہے، جس میں ٹپہ خانہ کے نام کے علاوہ تاریخ اور وقت بھی ہوتا ہے۔ اس کے بعد ان کو چھانٹ کر شہر کے سب سے بڑے یا صدر ٹپہ خانہ میں بھیج دیتے ہیں۔ وہاں مختلف سمتوں میں جانے والے خطوں کو الگ الگ کرکے جس کو جس طرف بھیجنا ہوتا ہے اس کو ریل، بس وغیرہ کے ذریعہ سے بھیج دیا جاتا ہے۔ موٹر میں تو ہر مقام کی ایک تھیلی ہوتی ہے اور اس جگہ کے تمام خط اس میں بھروئے جاتے ہیں اور جب یہ موٹر اس مقام پر

پہنچتی ہے تو یہ تھیلی وہاں دے دیتی ہے اور وہاں سے نئے خطوں کی تھیلی لے لیتی ہے۔ ریل میں ٹپہ کا ایک ڈبہ الگ ہوتا ہے جس میں بہت سے چھوٹے چھوٹے خانے بنے ہوئے ہوتے ہیں، اور ہر خانہ کے نیچے ڈاک خانوں کے نام لکھے رہتے ہیں۔ شہر سے ٹپہ ایک ایک یا چند تھیلوں میں آتا ہے اور ریل کے اس ڈبے میں اس کو کھول کر جو خط جہاں جانے والا ہوتا ہے اس نام کے خانے میں ڈال دیا جاتا ہے۔ یہ کام اس قدر تیزی سے ہوتا ہے کہ حیرت ہوتی ہے، اگر کام اس پھرتی سے نہ ہو تو پھر ہزاروں خطوں کا انتظام کیسے ہو؟ اب جو اسٹیشن آتا ہے وہاں اُسی جگہ اور اسی سے متعلقہ مقاموں کے خط دیدئے جاتے ہیں ان تھیلیوں کو اس شہر کے بڑے ٹپہ خانہ میں کھولا جاتا ہے، پہلے ان پر مہر لگائی جاتی ہے

اور پھر ایک آدمی بیچ میں کھڑا ہو کر محلوں کے نام پڑھتا ہے، اس کے چاروں طرف شہر کے سب چٹھی رساں جمع ہوتے ہیں، وہ محلہ کا نام پڑھ کر اس حلقہ کے ڈاکیہ کے پاس خط پھینکتا ہے، اسی طرح چٹھی رساں اپنے محلے کے سب خط لاکر ان کو گھر گھر تقسیم کر دیتا ہے۔

بڑے بڑے شہروں میں دن میں کئی مرتبہ ڈاک تقسیم ہوتی ہے، مگر چھوٹے شہروں یا قصبوں میں صرف ایک مرتبہ اور چھوٹے دیہات میں جہاں ٹپہ خانے نہیں ہیں ہفتہ میں ایک یا دو مرتبہ ٹپہ آتا ہے ہندستان میں ہوائی جہاز، ریل، بس، کشتی، اونٹ، اونٹ گاڑی اور دیہاتوں میں خود آدمیوں کے ذریعہ ڈاک آتی جاتی ہے۔

ٹپہ خانہ سے خطوں کے علاوہ اخباروں اور کتابوں کے پیکٹ، رجسٹری خط، چھوٹے چھوٹے پارسل

اور منی آرڈر بھی روانہ کئے جاتے ہیں، اکثر ڈاک خانوں میں تار گھر بھی ہوتے ہیں، جہاں سے معمولی اور فوری تار دئے جا سکتے ہیں۔ عام لوگوں کی آسانی کے لئے ڈاک خانوں میں سیونگ بنکس کی شاخیں بھی کھول دی گئی ہیں، جہاں لوگ اپنا روپیہ جمع کر سکتے ہیں، یہاں کم سے کم چار آنہ کی رقم جمع کی جا سکتی ہے اور ہفتہ میں دو دن رقم نکالنے کی اجازت ہوتی ہے؛ اس پر سالانہ تھوڑا بہت سود بھی مل جاتا ہے۔ جو حساب کھولنا چاہتا ہے اس کو ایک کتاب مل جاتی ہے، جس میں رقم وغیرہ درج رہتی ہے۔ بہت سے معمولی آدمی اسی طرح چھوٹی چھوٹی رقمیں جمع کر کے بڑی رقمیں بنا لیتے ہیں

بہرحال ڈاک خانہ اب ہماری بڑی خدمت کر رہا ہے اور اس کی بدولت ہم کو ایسے بہت سے فائدے اور آسانیاں حاصل ہیں جو پہلے زمانے میں زیادہ روپیہ صرف کرنے کے بعد بھی میسر نہ آ سکتی تھیں۔

روپیہ

یہ تو ٹھیک ہے کہ روپیہ خدا نہیں ہے۔ مگر سچی بات یہ ہے کہ ہماری غذا' لباس اور ساری دوسری ضرورتیں اس سے پوری ہوتی ہیں۔ روپیہ نہ ہو تو آدمی بھوکا مرنے لگتا ہے اور اس کی زیادتی ہو جائے تو دنیا کی کونسی چیز ہے جو مہیا نہیں ہو سکتی؟ لیکن ایک بات ذہن میں رکھنا چاہیئے کہ روپیہ سے خود ہماری کوئی ضرورت پوری نہیں ہوتی بلکہ اس کے ذریعہ سے ہم اپنی زندگی کی تمام چیزیں خریدتے ہیں اور اس لئے کہتے ہیں کہ روپیہ ہی ہماری ضرورتیں پوری کر رہا ہے۔

سکوں کا چلن دنیا میں بہت عرصہ سے ہے مگر

ایک زمانہ ایسا بھی تھا جب سکے موجود نہ تھے۔ انسانی ضرورتیں اس وقت بھی تھیں، اس لئے اس زمانہ میں چیزوں کو چیزوں سے بدل لیا کرتے تھے مثلاً ایک کسان کے پاس چاول ہیں، اور اس کو گھی کی ضرورت ہے تو وہ چاول دے کر گھی لے لیتا تھا۔ مگر اس میں یہ دقّت تھی کہ اگر گھی والے کو چاول کی ضرورت نہو بلکہ کپڑے کی ضرورت ہو تو پھر تبادلہ میں دقّت ہونے لگتی تھی، اس خرابی کو دور کرنے کے لئے ایک ایسا ذریعہ تلاش کیا گیا جس کی مدد سے چیزیں بدل لی جایا کریں۔ چنانچہ عرصہ تک غلام، مویشی، بال دار جانوروں کی کھالیں، نمک، کوڑیاں، ہاتھی کے دانت اور اسی طرح کی دوسری چیزیں سکوں کے بجائے استعمال ہوتی رہیں لیکن ان میں بھی ایک خرابی تھی مثلاً بال دار کھالیں ان ہی حصّوں میں قیمتی سمجھی جاتی تھیں جہاں سردی

زیادہ ہوتی ہو، عرب یا جنوبی ہندوستان جیسے گرم حصتوں میں ان کی کیا قدر ہو سکتی ہے؟ سکہ تو کسی ایسی ہی چیز کا مقبول ہو سکتا ہے جس کی ہر شخص کو ضرورت ہو اور دنیا کے ہر حصے میں اس کی مانگ ہو، آخر لوگوں نے سوچ سَلچ کر دھاتوں کے سکے بنانا شروع کئے۔ دھاتیں بھی دو طرح کی ہوتی ہیں ایک قیمتی اور دوسرے کم قیمتی، بڑے سکے قیمتی دھاتوں کے بنائے گئے اور چھوٹے سکے کم قیمتی دھاتوں کے۔

ہندستان میں بڑے پرانے زمانہ سے ہر قسم کے سکے بنتے ہیں، چنانچہ عجائب گھروں میں اشوک اور اس سے بھی پہلے زمانہ کے سکے نظر آتے ہیں، پہلے زمانہ میں سکوں کا گول ہونا ضروری نہ تھا، بلکہ وہ چوکور اور آٹھ کونے والے بھی ہوتے تھے لیکن ان میں یہ خرابی تھی کہ ان کے کونے آسانی سے

کاٹ لیئے جاتے تھے، چنانچہ بد دیانت لوگ اس طرح کاٹ چھانٹ کرکے سکّے میں سے دھات چُرا لیتے تھے، اس طرح سکہ خراب ہو جاتا تھا اور اس کی قیمت کم ہو جاتی تھی۔ اِس چیز کو دور کرنے کے لئے گول سکّے بنائے جانے لگے، اور ان کے کناروں پر چھوٹی چھوٹی لکیریں بنادی جاتی ہیں تاکہ ان کی دھات چُرائی نہ جاسکے۔

پہلے زمانہ میں بادشاہوں کے علاوہ بڑے بڑے رئیس، جاگیردار، چھوٹے راجہ، اور مالدار تاجر بھی اپنے سکّے ڈھلوالیا کرتے تھے مگر اب ہر جگہ صرف حکومت ہی کو سکّے بنانے کا حق حاصل ہے اور جو کوئی دوسرا آدمی نقلی سکّے بناتا ہے اس کو مجرم سمجھا جاتا ہے۔

انگریزی حکومت کا روپیہ جس کو حیدرآباد میں "کلدار" کہتے ہیں خالص چاندی کا نہیں ہوتا بلکہ اس میں

گیارہ حصے چاندی اور ایک حصہ کھوٹ ہوتا ہے، اور اس کا وزن ۱۸۰ گرین ہوتا ہے۔ حیدرآباد کے روپیہ کو "حالی" بھی کہتے ہیں۔ اس کا وزن ۱۷۲ ½ گرین ہوتا ہے۔ ہندستان میں ۶۰۰ سے زائد چھوٹی بڑی ریاستیں ہیں، ان میں سے بعض ریاستوں مثلاً بڑودہ، گوالیار وغیرہ کو اپنا پیسہ چلانے کی اجازت ہے مگر اب روپیہ بنوانے کی کسی کو اجازت نہیں، صرف حیدرآباد ہی اپنے یہاں تانبے، نکل، چاندی اور سونے کے سکے، اور کاغذ کے نوٹ بنوا سکتا ہے

نوٹوں کا رواج اس طرح ہوا کہ جب لوگوں کی ضرورتیں بڑھیں اور زائد روپیہ کی ضرورت ہونے لگی تو روپے یا اشرفیاں ایک جگہ سے دوسری جگہ لے جانا دوبھر معلوم ہونے لگا۔ مثلاً ایک ہزار روپیہ کا وزن ۱۲ ½ سیر ہوتا ہے ساڑھے بارہ سیر کی تھیلی اُٹھا کر چلنا کوئی آسان بات نہیں، پھر ابن کی

حفاظت بھی بڑی ہوشیاری سے کرنی پڑتی ہے، کیونکہ ہر شخص کو معلوم ہو جاتا ہے کہ اس کے پاس روپیہ ہے، ایک ہزار کا نوٹ کاغذ کا ایک چھوٹا سا ٹکڑا ہوتا ہے جس کو شیروانی یا کوٹ کی جیب میں رکھ لیا، لیجئے کسی کو کانوں کان خبر نہوئی کہ آپ کے پاس ہزار روپیہ ہے۔ آج کل مہذب اور متمدن ملکوں میں نوٹوں ہی کا زیادہ رواج ہے۔

ہندستان اور حیدرآباد میں جو نوٹ چلتے ہیں ان پر لکھا ہوتا ہے کہ ان کو بنک یا سرکاری خزانہ میں داخل کرکے ان کے بدلے روپیہ حاصل کیا جا سکتا ہے، چنانچہ ابھی جب جنگ شروع ہوئی تو لوگوں نے گھبرا گھبرا کر نوٹوں کے روپے بنوانا شروع کیے، البتہ ایک سال کے اندر ہی پھر اعتبار قائم ہوگیا اور نوٹ بدستور چلنے لگے۔

جانوروں کے گھر

گھر بناکر رہنا انسان کی فطرت میں داخل ہوگیا ہے اسی طرح دنیا کے بے شمار جانوروں میں سے بھی بہت سے ایسے ہیں جو گھر بناکر رہتے ہیں اور بہت سے بے گھر کے ساری زندگی گذار دیتے ہیں ایسے جانوروں کے رہنے اور ٹھہرنے کی کوئی جگہ مقرر نہیں ہوتی' بلکہ یہ ایک جگہ سے دوسری جگہ مارے مارے پھرتے ہیں۔ ان میں سے جو زمین پر رہتے ہیں وہ کسی جنگل' کھیت' درخت' یا میدان میں رات بسر کرتے ہیں اور جو پانی میں رہتے ہیں وہ تالاب دریا یا سمندروں کی تہ میں جاکر بیٹھ جاتے ہیں یا

۹۴

پھر کنارے ہی پتھر، گھاس یا پودوں کے سہارے ٹھہر جاتے ہیں۔

گھر بنانے کی خاصیت چھوٹے سے چھوٹے اور بڑے سے بڑے، ریڑھ دار اور بے ریڑھ دونوں قسم کے جانوروں میں پائی جاتی ہے۔ چنانچہ ہم پہلے بے ریڑھ کے جانوروں کے گھر کا حال آپ کو سناتے ہیں۔

بے ریڑھ کے جانوروں میں سب سے پہلے مکڑی کے گھر پر نظر ڈالئے جس کو "جالا" کہتے ہیں۔ یہ جالا ور اصل ایک قسم کے ریشم کے تاروں سے، پیڑ کی ٹہنیوں، گھاس، پودوں اور اکثر گھر کے کسی کونے میں تانا جاتا ہے۔ اس میں تار دو طریقوں سے پھیلائے جاتے ہیں۔ ایک تو وہ تار جو سورج کی کرن کے مانند ایک مرکز سے نکل کر چاروں طرف پھیلے رہتے ہیں (دیکھئے شکل نمبر ۱) اور دوسرے

وہ جو دائرے کی شکل میں ایک دوسرے سے برابر برابر فاصلہ پر مرکز کے چاروں طرف تانے جاتے ہیں۔ مکڑی اس جالے پر ایک جگہ سے دوسری جگہ بہت آسانی سے آتی جاتی ہے۔ اس کا گھر حیوانی صنعت اور کاریگری کا ایک بہت خوبصورت نمونہ سمجھا جاتا ہے۔

مکڑی کی ایک اور قسم بھی ہوتی ہے جس کو پھندا مکڑی کہتے ہیں۔ یہ زمین کے اندر سوراخ کر کے رہتی ہے اور اپنے سوراخ کے منہ پر مٹی کا ایک ڈھکنا بنالیتی ہے جو تار کے ذریعہ کھینچ کر بند کر لیا جاتا ہے۔

دیمک کے چھتے عام طور پر گھروں میں لکڑی کے سامان، دروازوں، درختوں کے تنوں اور میدانوں میں بھی مٹی کے ڈھیروں کی شکل میں نظر آتے ہیں۔ اکثر دیمکوں کے گھر جو میدانوں میں

بنے ہوئے دیکھے جاتے ہیں، بعض ملکوں میں دس
سے پندرہ فٹ تک اونچے ہوتے ہیں اگر کسی دیمک
کے چھتے کو تراش کر دیکھا جائے تو معلوم ہوگا کہ
اس کے اندر مختلف بناوٹ کے کمرے ہوتے ہیں
جس میں دیمک کے کُنبہ کے مختلف شکل اور صورت
کے فرد رہتے ہیں۔ مثلاً کام کرنے والی یا مزدور
دیمک، لڑنے والی دیمک، بچے پیدا کرنے والی
دیمک یا ملکہ اور نر دیمک۔ (دیکھئے شکل نمبر۔۲)
اس میں دیمک کے چھتے کو تراش کر دکھلا دیا گیا
ہے۔ اس میں چار خانے یا کمرے ہیں۔ سب سے
اوپر کا خانہ بڑا، ہوادار ہوتا اور خالی رہتا ہے۔
یہ ایک طرح کی بیٹھک کا کام دیتا ہے جس میں یہ
کیڑے آکر ٹھہرتے اور پھر وہاں سے دوسرے کمروں
میں چلے جاتے ہیں۔ دوسرا کمرہ پرورش گاہ ہے
جہاں بچوں کی پرورش اور دیکھ بھال کی جاتی ہے

شکل نمبر ۱ - کڑی کا جالا

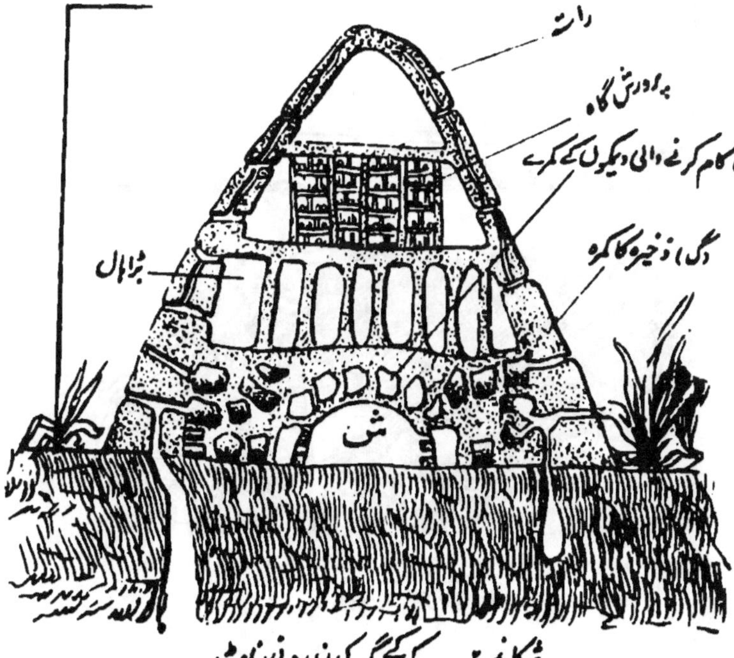

شکل نمبر ۲ - دیمک کے گھر کی اندرونی بناوٹ

شکل نمبر ۳ ۔ شہد کی مکھی کا چھتہ

شکل نمبر ۵ ۔ لعابی کیڑے کا گھر

شکل نمبر ۴ ۔ بھڑ کا چھتہ

اِس کمرے میں نیچے اوپر چھوٹے چھوٹے کئی ایک خانے بنے ہوتے ہیں۔ اس کے نیچے تیسرا کمرہ، ایک بڑے ہال کے مانند ہے۔ سب سے نیچے شاہی کمرہ (ش) ہے اس میں نر اور مادہ (ملکہ اور شاہ) دونوں کو رکھا جاتا ہے۔ اس کے اطراف ذخیروں کے کمرے یا گودام (گ) ہیں جن میں کھانے کا سامان جمع کیا جاتا ہے۔ ملکہ اور شاہ کے کمرہ کے آس پاس کام کرنے والی دیمکوں کے کمرے (ک) ہوتے ہیں۔ دیمک کے گھر کی بناوٹ کو دیکھنے سے معلوم ہوتا ہے کہ یہ سماجی کیڑے گھر بنانے میں کتنے ہوشیار ہوتے ہیں۔

صنعت اور کاریگری کے لحاظ سے گھر بنانے میں شہد کی مکھی بھی بہت ہوشیار سمجھی جاتی ہے یہ اپنا چھتہ (دیکھئے شکل نمبر۔۳) بہت سمجھ بوجھ کر بناتی ہے۔ یہ چھتے موم سے بنائے جاتے ہیں

اور ان کے خانوں کی لمبائی اور چوڑائی ریاضی کے لحاظ سے ایک دوسرے کے بالکل برابر ہوتی ہے اور ان میں ذرا بھی فرق نہیں ہوتا۔ چاروں طرف کے خانے تو ایک دوسرے کے برابر ہوتے ہیں لیکن اندر کی جانب بعض خانے بڑے اور خاص قسم کے بنائے جاتے ہیں۔ ان میں سے ایک بڑا خانہ ”ملکہ“ کے لئے ہوتا ہے جس کا کام انڈے دینا ہے۔ انڈوں سے جو بچے نکلتے ہیں وہ بھی خاص وضع کے خانوں میں رکھے جاتے ہیں جہاں ان کی پرورش کی جاتی ہے۔ کام کرنے والی مکھیوں کے لئے بھی بڑے بڑے ہوا دار کمرے ہوتے ہیں ان سب کے علاوہ شہد جمع کرنے کے لئے بھی علیحدہ کمرے ہوتے ہیں جن میں صرف شہد جمع کیا جاتا ہے۔ چھتے میں جو غلاظت اور بیکار چیزیں پیدا ہوتی رہتی ہیں انھیں فوراً ہی باہر پھینک دیا جاتا ہے۔

حیوانوں میں چیونٹیاں بھی بڑی ہوشیار، ذہین

اور بڑی کاریگر سمجھی جاتی ہیں ان کے گھروں کو ہم "چیونٹیوں کے بل" کہتے ہیں۔ یہ گھر اس قدر ہوشیاری اور سمجھ سے بنائے جاتے ہیں کہ ہمیں دیکھ کر تعجب ہوتا ہے۔ ان کا تعمیری کام بہت تعریف کے قابل ہے وہ اپنی بستیوں میں سڑکیں، سرنگیں، پُل اور بند راستے بناتی ہیں اور ان کے اندر رہنے کے لئے بڑے بڑے آرام دہ کمرے ہوتے ہیں۔ ان بستیوں میں رہنے والے دن رات اپنے اپنے فرض کو ادا کرنے میں لگے رہتے ہیں۔

بھڑ (یا بَر) کا چھتہ بھی شہد کی مکھی کے مانند ہوتا ہے۔ فرق یہ ہے کہ شہد کی مکھی کا چھتہ صرف موم سے بنایا جاتا ہے اور بھڑ کے چھتے موم کے علاوہ مٹی اور ایک کاغذ جیسے مادہ سے بھی بنائے جاتے ہیں۔ (دیکھئے شکل نمبر۔ ۴)

کیڑوں کی ایک بڑی جماعت ایسی ہے جو

درختوں، پھلوں، اور اناج کے اندر اپنا گھر بناتی ہے اور انھیں پر زندگی بسر کرتی ہے۔ کئی طرح کے بھونرے پیڑوں کے تنوں میں سوراخ کر کے ان کے اندر رہتے ہیں۔ اناجوں میں رہنے والے کیڑوں میں سب سے زیادہ نقصان دہ گھُن ہے۔ اِن کے علاوہ اور بھی کئی قسم کے کیڑوں کے پھلروپ جو کمبل کے کیڑے کہلاتے ہیں، پھلوں ہی میں رہتے ہیں۔

ایک کیڑے کا گھر نہایت ہی عجیب طرح کا ہوتا ہے اس کا نام لعابی کیڑا ہے کیونکہ یہ اپنے جسم سے ایک عرق خارج کرتا ہے جو بلبلوں کے مانند ہوتا ہے اور آدمی کے تھوک یا لعاب سے ملتا جلتا ہے۔ یہ اس کیڑے کے جسم کے چاروں طرف لپٹ جاتا ہے اور اس طرح یہ ننھا سا کیڑا اس کے اندر بہت محفوظ رہتا ہے اور جب تک یہ عرق سوکھ نہ جائے اُسے کوئی خوف نہیں ہوتا۔

شکل نمبر ۶۔ گوسائیں کیکڑا

گوسائیں کیکڑے کا گھر

(دیکھئے شکل نمبر۔ ۵)

کیکڑے کئی قسم کے ہوتے ہیں جو پانی میں بھی رہتے ہیں اور زمین پر بھی رہنے والے زمین کے اندر سوراخ کر کے رہتے ہیں۔ پانی کے کیکڑے پانی کے اندر پتھروں کے نیچے یا درازوں میں چھپے رہتے ہیں۔ لیکن ایک خاص قسم کا کیکڑا، جس کو "گوسائیں کیکڑا" کہتے ہیں اپنے لئے کوئی گھر خود تو نہیں بناتا البتہ یہ کرتا ہے کہ بعض مرے ہوئے گھونگھوں کے خول میں جا کر بیٹھ جاتا ہے اور پھر مرتے دم تک کوئی اس کو اس میں سے نہیں نکال سکتا جب تک کہ وہ خود اس میں سے باہر نہ نکلنا چاہے۔ (دیکھئے شکل نمبر۔ ۶)

بے ریڑھ کے جانوروں میں بعض سیپیاں ایسی ہوتی ہیں جو لکڑیوں کے اندر اپنا گھر بنا لیتی ہیں۔ چنانچہ سمندروں کے اندر جب سیپیاں جہازوں میں

اپنا گھر بنا لیتی ہیں تو اس سے جہازوں کو بہت نقصان پہنچتا ہے۔ یہ سیپیاں جو جہازوں کے لکڑی کے حصّوں میں رہنے لگتی ہیں سوراخ کرنے والی سیپیاں کہلاتی ہیں۔

اب ریڑھ دار جانوروں کے گھروں پر نظر ڈالی جائے تو سب سے پہلے ہم کو مینڈک کے گروہ کے جانور اور مچھلیاں ملتی ہیں۔ مینڈک زمین پر آکر گڑھوں میں بھی رہتے ہیں اور پانی میں بھی۔ لیکن یہ کوئی گھر یا مسکن نہیں بناتے۔ البتہ بعض مینڈک ایسے بھی ہیں جو درختوں پر رہتے ہیں۔ مینڈک کے گروہ کے بعض جانور ہمیشہ کیچڑ میں رہتے ہیں اور ان کے آنکھیں نہیں ہوتیں۔

اِسی طرح مچھلیاں بھی عام طور پر پانی میں کوئی مسکن یا گھونسلا نہیں بناتیں وہ پانی ہی میں انڈے دیتی ہیں جو اِدھر اُدھر تیرتے پھرتے ہیں اور

ٹکل بیک۔ مچھلی کا گھر

اکثر ان انڈوں کو دوسرے جانور اور مچھلیاں کھا جاتی ہیں لیکن بعض مچھلیاں پانی کے اندر گھونسلے بناتی ہیں مثلاً ایک مچھلی جس کو انگریزی میں "اسٹکل بیگ" کہتے ہیں، پانی میں اُگنے والے پودوں کے پتوں اور گھاس کو بن کر ایک مضبوط گھونسلا تیار کر لیتی ہے۔ (دیکھئے شکل نمبر۔ ۷)

اور اس میں انڈے دیتی ہے اور بچے نکلنے تک ان انڈوں کی حفاظت کرتی ہے۔

سانپ پانی میں بھی رہتے ہیں اور زمین پر بھی۔ زمین پر رہنے والے سانپوں کے گھروں کو "بِل" کہا جاتا ہے۔ یہ سادہ قسم کے سوراخ ہوتے ہیں جن کے اندر کمرے یا خانے وغیرہ نہیں ہوتے۔ بعض بڑے سانپ جن کو اژدھا اور اجگر کہا جاتا ہے، عام طور پر درختوں کے تنوں اور شاخوں سے لپٹے ہوئے رہتے ہیں۔

پرندوں نے گھر بنانے کے فن میں بہت ترقی کی ہے اور غالبًا جانوروں کی یہی وہ جماعت ہے جس میں طرح طرح کے گھر پائے جاتے ہیں جن کو ہم "گھونسلا" کہتے ہیں۔ بعض پرندے بہت مضبوط اور خوبصورت گھونسلا بناتے ہیں اور بعض بہت ہی سادہ اور پھُس پھُسا، اور آسانی سے ٹوٹ پھوٹ جانے والا۔ مثلاً کوّے، چیل اور کبوتر وغیرہ کے گھونسلوں کو دیکھیں تو معلوم ہوگا کہ یہ پرندے، پیڑوں کی دو تین ٹہنیوں کے ملاپ پر لکڑی، تنکے اور سوکھے پتے وغیرہ لاکر جمع کردیتے ہیں اور اس کے اندر ایک گڑھا سا بنا لیتے ہیں جس میں وہ انڈے دیتے ہیں اور بچے نکلنے کے بعد وہ پھر اس گھونسلے کو چھوڑ دیتے ہیں اور کسی دوسری جگہ نیا گھونسلا بنا لیتے ہیں۔ آندھی اگر زور کی چلے تو یہ اڑ بھی جاتے ہیں۔ اور پھر اِن

شکل نمبر۔ کوّے کا گھونسلا

شکل نمبر ۹۔ بیا کا گھونسلا

گھونسلوں کے انڈے اور بچے بھی زیادہ محفوظ نہیں رہتے کیونکہ یہ آسانی سے دشمنوں کو نظر آتے ہیں۔ (دیکھئے شکل نمبر۔ ۸) ایسے ہی تنکوں اور سوکھی لکڑیوں سے بنے ہوئے گھونسلے گوریا، مینا اور فاختہ وغیرہ کے بھی ہوتے ہیں۔

بعض پرندوں کے متعلق یہ جاننا دلچسپی سے خالی نہ ہوگا کہ وہ خود تو کوئی گھر بناتے نہیں لیکن دوسروں کے بنے ہوئے گھروں سے فائدہ ضرور اٹھاتے ہیں۔ ان میں سے ایک تو کوئل ہے اور دوسرا اُلّو۔ کوئل کے متعلق یہ بات بڑی دلچسپ بیان کی جاتی ہے کہ یوں تو وہ دوسری چڑیوں کی طرح انڈے دیتی ہے اور اس کے بچے بھی نکلتے ہیں لیکن وہ نہ تو گھونسلا بناتی ہے اور نہ اپنے بچوں کی پرورش کرتی ہے۔ ہوتا یہ ہے کہ جب کوئل کے انڈا دینے کا زمانہ قریب آتا ہے تو

نر اور مادہ دونوں کسی ایسے کوے کو تلاش کرنے لگتے ہیں جو خود بھی انڈا دینے کے لئے گھونسلا بنا رہا ہو اور جب تک کوے کا گھونسلا بن نہیں جاتا کوئل اس کو دیکھتی رہتی ہے۔ چنانچہ جب کوا گھونسلا بنا کر انڈے دے چکتا ہے اور ان کو سینا شروع کرتا ہے تو نر اور مادہ کوئل کوے کو مار مار کر اس کے گھونسلے سے بھگا دیتے ہیں اور مادہ کوئل اس کے گھونسلے میں بیٹھ کر انڈے دے دیتی ہے اور انڈے دینے کے بعد اُڑ جاتی ہے۔ کوئل کے اڑ جانے کے بعد کوا پھر واپس آکر انڈوں پر بیٹھ جاتا ہے۔ اب کوئل کے بچے نکلنے کے بعد ان کی پرورش کا کام بھی کوے کے ذمہ ہوتا ہے۔ کوا اپنے بچوں کی بھی پرورش کرتا ہے اور کوئل کے بچوں کی بھی۔ کیونکہ وہ ان میں تمیز نہیں کرسکتا عموماً اُلو خود کوئی گھر نہیں بناتا۔ یہ یا تو ویران مقاموں اور

کھنڈروں میں رہتا ہے یا کوّے اور دوسرے پرندوں کے چھوڑے ہوئے گھونسلوں میں بسیرا کرتا ہے۔ یا پھر درختوں کے کھوکھلے حصّوں میں۔

گھونسلا بنانے کے فن میں بیا سب سے زیادہ ہوشیار پرندہ سمجھا جاتا ہے۔ یہ گھاس اور کھجور کے پتوں کے باریک باریک ریشوں اور تاروں کو بُن کر ایک نہایت مضبوط اور خوبصورت گھونسلا بناتا ہے جس کے اندر دو خانے ہوتے ہیں۔ باہر کا خانہ بیٹھنے کے کام آتا ہے اور اندر کا خانہ انڈا دینے کے لئے۔ اس کا راستہ نیچے کی طرف سے ہوتا ہے۔ عام طور پر بَیا اپنا گھونسلا تالابوں اور دریاؤں کے کنارے بہت اونچے اونچے کھجور کے پیڑوں یا ببول کے درختوں اور کانٹے دار جھاڑیوں میں بناتا ہے تاکہ دشمن اس کے انڈوں اور بچّوں کو نہ کھا جائیں۔ یہ اکثر ایک جھولا بھی

بناتا ہے جس میں اکثر بارش کے وقت جھولا کرتا ہے۔ (شکل نمبر۔ ۹)

دوسرا ہوشیار پرندہ درزی چڑیا کہلاتا ہے۔ یہ چھوٹا سا پرندہ دو یا تین پتوں کو ملاکر گھاس کے مہین تاروں سے سی دیتا ہے اور اس طرح ایک پیالہ یا پیپے نما شکل بن جاتی ہے (دیکھئے شکل نمبر ۱۰)

اس پیپے نما پتوں کے گھر میں وہ روئی اور درختوں کے ریشوں سے ایک اور مضبوط گھونسلا تیار کرلیتا ہے جس میں انڈے دیتا ہے۔

سنہری پیٹھ والا کٹ پھوڑا اپنی مضبوط اور موٹی نوکدار چونچ سے درختوں کے نرم حصّوں کو کھوکھلا کرکے اس کے اندر گھونسلا بناتا ہے یا درختوں کے جو کھوکھلے حصّے ہوتے ہیں ان کو اس کام میں لاتا ہے۔ اور اس کے اندر انڈے دیتا ہے۔

شکل نمبر ۱۰ - درزی پرندہ کا گھونسلا

شکل نمبر ۱۱ - مچھلی مار پرندہ کا گھر

طوطا بھی عموماً درختوں کے کھوکھلے حصّوں کو اپنا گھر بنا لیتا ہے۔

ابابیل، چکنی مٹی اور تھوک اور پروں سے پرانی عمارتوں میں مضبوط گھونسلا بناتی ہے۔ مچھلی مار پرندہ اپنا گھونسلا دریا کے ریتیلے کناروں میں پیدا ہو جانے والے سوراخوں میں بناتا ہے۔ (دیکھئے شکل نمبر۔ 11)

سمندروں کے کنارے رہنے والے اکثر پرندے، مثلاً پیلیکن یا سمندری چڑیا وغیرہ سمندر کے کنارے پہاڑیوں اور چٹانوں پر گھونسلے بناکر انڈے دیتے ہیں۔ ان کو گھونسلے نہیں کہا جا سکتا کیونکہ یہ لکڑی، پتے یا کسی دوسری چیز سے نہیں بنائے جاتے۔ بلکہ پرندے کھلی ہوئی چٹانوں میں کسی گڑھے کو دیکھ کر اسی میں انڈے دیتے ہیں۔ (دیکھئے شکل نمبر 12)

گھونسلا یا گھر بنانے کی ضرورت پرندوں کو خاص کر

اسی وقت پڑتی ہے جبکہ انھیں انڈے دینے ہوں اور بچوں کی پرورش کرنی ہو۔

دنیا کے بعض ملکوں میں عجیب عجیب قسم کے جانور پائے جاتے ہیں جن کے گھر بھی طرح طرح کے ہوتے ہیں۔ مثلاً اسٹریلیا کا ایک ریچھ، جس کو "کولا" کہا جاتا ہے اور جو در اصل درختوں پر رہتا ہے، اپنے لمبے نرم بالوں کا ایک گھونسلا بنا لیتا ہے۔ بچے اس گھونسلے سے اسی طرح چمٹے رہتے ہیں جیسے بندروں کے بچے درخت کی کسی شاخ سے لپٹے رہتے ہیں۔

خرگوش اپنے گھر زمین کے اندر گڑھے اور سرنگ کی شکل میں بناتے ہیں۔ خرگوش کی دو قسمیں ہوتی ہیں۔ ایک کو انگریزی میں "ہیر" کہا جاتا ہے اور دوسرے کو "ریبٹ"۔ "ہیر" (خرگوش) جھاڑیوں اور گھاس کے میدانوں میں

شکل نمبر ۱۳الف۔ خرگوش کا گھر فارم

شکل نمبر ۱۴الف۔ ریبٹ خرگوش کی سرنگ

رہتا ہے۔ یہ نہ تو چوہوں کے مانند زمین کے اندر بل بناتا ہے نہ گلہریوں کی طرح درختوں پر چڑھتا ہے۔ یہ گھاس کو پیروں سے روند کر ایک گڑھا سا بنا لیتا ہے اور اسی میں بیٹھا رہتا ہے اس گڑھے کو "فارم" کہتے ہیں۔ جب ایک "ہیر" اپنے فارم میں بیٹھا ہو تو اُسے آسانی سے پہچانا نہیں جا سکتا (دیکھئے شکل نمبر۔ ۱۲)

اس کے برعکس دوسری قسم کا خرگوش، جس کو "ریبٹ" کہتے ہیں۔ زمین کے اندر سُرنگیں بنا کر رہتا ہے۔ (دیکھئے شکل نمبر۔ ۱۴) لیکن جب مادہ خرگوش کے بچہ دینے کا زمانہ قریب آتا ہے تو وہ اپنے رہنے کی سُرنگوں سے تھوڑی دور پر ایک الگ سُرنگ بناتی ہے جس کے اندر جانے کا راستہ صرف ایک ہی سوراخ کی شکل میں ہوتا ہے۔ مادہ ایک گھونسلا بناتی ہے جس میں زیادہ تر

وہ اپنے ہی بال استعمال کرتی ہے (جس طرح بعض بطیں اپنے پروں کا گھونسلا بناتی ہیں) اور یہ گھونسلا وہ نئی سُرنگ کے اندر رکھ دیتی ہے' جس میں بچے پیدا ہوتے ہیں۔ جب مادہ غذا کی تلاش میں باہر چلی جاتی ہے تو نر خرگوش اس کے سوراخ کو ایسی اچھی طرح بند کر دیتا ہے کہ تیز سے تیز نظر بھی اس کا پتہ نہیں لگا سکتی۔

گلہری روئی' کپڑے' بال اور پتوں وغیرہ کو ملا کر ایک بہت آرام دہ گھر بناتی ہے جو ساتھ ہی ساتھ مضبوط بھی ہوتا ہے' یہ گھر یا تو درختوں کے کھوکھلے حصّوں میں' یا پھر گھروں میں کسی محفوظ جگہ پر بنائے جاتے ہیں۔

چوہے اور چھچھوندر زمین میں سرنگیں اور بل بنا کر رہتے ہیں۔ یہ سرنگیں بالکل سادہ لمبی لمبی نالیوں کی مانند ہوتی ہیں جن کے کئی راستے

ہوتے ہیں۔ اِن سرنگوں کے نچلے حصّے میں مادہ بچے دیتی ہے اور ان کی پرورش کرتی ہے۔ کھیتوں میں رہنے والے چوہے، جن کو فصلی چوہے کہتے ہیں، اکثر کھیتوں میں اونچے پودوں کی شاخوں پر ایک چھوٹا سا، گلہری کے گھونسلے کی طرح گھر بنا لیتے ہیں اسی طرح نیولا بھی زمین میں سُرنگیں بنا کر رہتا ہے۔

شیر کے مسکن کو کچھار یا گوہ بھی کہتے ہیں۔ اس کا حال غالباً سب کو معلوم ہوگا۔ شیر خود کسی قسم کا گھر نہیں بناتا، بلکہ پہاڑوں کی کوہ اور چٹانوں کی درزوں میں رہتا ہے۔ چیتا اور تیندوا بھی ایسے ہی مقاموں میں رہتے ہیں۔ ریچھ بھی کوئی گھر نہیں بناتا؛ وہ جھاڑیوں اور غاروں میں رہنا پسند کرتا ہے۔

امریکہ اور افریقہ میں پائے جانے والے بندر بھی

عام طور پر پیڑوں ہی پر زندگی بسر کرتے ہیں لیکن وہ کوئی گھونسلا یا گھر نہیں بناتے۔ البتہ بعض چھوٹے بندر درخت کے کھوکھلے حصّوں میں چھپ جاتے ہیں۔

افریقہ کے بعض انسان نما بندر مثلاً چمپانزی یا جاوا کا اورنگ اوٹن، زیادہ تر درختوں پر گھونسلا بنا کر رہتا ہے لیکن یہ زمین پر بھی آسانی سے اپنا وقت گذارتا ہے (دیکھئے شکل نمبر۔ ۱۵) گوریلا جو سب سے بڑا انسان نما بندر ہے اور جو بہت بھاری بھر کم ہوتا ہے عموماً گھنے جنگلوں میں زمین ہی پر رہتا ہے لیکن اس کی مادہ جس کا جسم زیادہ بھاری نہیں ہوتا درختوں پر بھی رہتی ہے۔ اکثر گوریلے سونے کے لئے زمین پر گھاس اور درختوں کے پتے جمع کر کے ایک بستر سا بنا لیتے ہیں اور اس پر رات بسر کرتے ہیں اور پھر

دوسرے روز نیا بستر تیار کر لیتے ہیں

نمبر	تصویروں کے نام	کتابوں کے نام جن سے تصویریں نقل کرائی گئیں
۱	مکڑی کا جالا	(1) The Animal World by Needham Fig. 45
۲	دیمک کے گھر کی تراش	(2) The Study of Animal Life by Thomson Fig. 24
۳	شہد کی مکھی کا چھتہ	(3) Zoology by Burlend Fig. 38
۴	بھڑ (بر) کا چھتہ	(4) The Animal World by Needham Fig. 82
۵	سبائی کیڑا	(5) do Fig. 68
۶	گوسائیں کھیکڑا	(6)
۷	اِسٹکل بیگ (مچھلی)	(7)
۸	کوّے کا گھونسلا	(8) Animal studies by Ekambaranathan Fig. 38

(9) do Fig. 46	۹ بنیا کا گھونسلا
(10) do Fig. 48	۱۰ درزی چڑیا کا گھونسلا
(11) do Fig. 54	۱۱ مچھلی مار پرندہ کا گھونسلا
(12) The Animal World by Needham Fig. 76	۱۲ چٹانی پرندہ کا گھونسلا
(13) Animal studies by Ekambaranathan Fig. 82	۱۳ ہیر (خرگوش) کا فارم
(14) do Fig. 82	۱۴ ریبٹ (خرگوش) کی سرنگ
(15) A Picture book of Evolution by Beadnell Fig. 142	۱۵ اورنگ اوٹن کا گھر